W0366838

Isabelle Choko

Meine Leben

Łódź – Auschwitz – Bergen-Belsen – Paris

Mit einem Geleitwort von Ulrich Krempel

Aus dem Französischen übersetzt und mit
Anmerkungen versehen von Monika Gödecke

Stiftung niedersächsische Gedenkstätten

© Stiftung niedersächsische Gedenkstätten, 2008
Alle Rechte vorbehalten. Das Werk und seine Teile sind urheberrechtlich geschützt. Jede Verwertung in anderen als den gesetzlich zugelassenen Fällen bedarf der vorherigen schriftlichen Einwilligung der Stiftung. Hinweis zu § 52a UrhG: Weder das Werk noch seine Teile dürfen ohne vorherige schriftliche Einwilligung der Stiftung öffentlich zugänglich gemacht werden. Dies gilt auch bei einer entsprechenden Nutzung für Lehr- und Unterrichtszwecke.

Projektabwicklung und Gesamtherstellung:
scherrer · agentur für gestaltung und produktion,
www.scherrer.de

ISBN 978-3-9811617-7-9

Dieses Buch ist meinem Mann, meinen Kindern und Enkeln gewidmet, und ich bitte sie um Verzeihung, wenn ich ihnen manchmal etwas hart und zu wenig einfühlsam erschienen bin.

Es ist ebenso allen jungen Menschen gewidmet, damit sie wachsam sind und niemals zulassen, dass sich in ihrer Umgebung Hass und Grausamkeit ausbreiten und andere Menschen ausgegrenzt werden.

Inhalt

Geleitwort

Das Ende der Kindheit und ein zweites Leben

Isabelle Choko hat lange geschwiegen. Nach ihrer Kindheit im Ghetto von Łódź und in den Lagern hat sie das Ende ihres ersten Lebens in Bergen-Belsen erlebt. Heute berichtet sie über dieses erste Leben, nach einer langen Zeit des Schweigens, zum Reden gebracht von einer Woge der Fremdenfeindlichkeit, des Neonazismus und des Antisemitismus in Europa. Isabelle Choko hat nicht nur ihr Leben, das eines jungen Mädchens aus einer gebildeten jüdischen Familie, in den Lagern der Nationalsozialisten beschrieben, sie ist mit diesem Bericht über ihre beiden Leben eine Stimme geworden, nach Jahrzehnten des Schweigens.

Geht diese Geschichte uns an?

„Geht Dein Bild mich an?", fragte ein Projekt, das die Künstlerin Esther Shalev-Gerz im Sommer 2002 auf Einladung des Sprengel Museums in Hannover realisierte. In einer großräumigen Videoinstallation mit mehreren Bildschirmen kamen zwei Zeitzeuginnen mit ihren Lebensgeschichten zu Wort. Eine von ihnen war Isabelle Choko. Die Gedenkstätte Bergen-Belsen hatte die Künstlerin bei ihren umfangreichen Recherchen im Vorfeld unterstützt und den Kontakt zu Isabelle Choko hergestellt. Bei der Eröffnung der Ausstellung lernte ich sie persönlich kennen.

Als der Krieg begann und Isabelle Choko sich mit ihrer Familie im Ghetto Łódź wieder fand, war sie gerade elf Jahre alt. Als die britische Armee das Lager Bergen-Belsen befreite, war sie fast sechzehn. All die Jahre dieses langen letzten Drittels ihres ersten Lebens hat sie unter unglaublichsten und schrecklichsten Verhältnissen verbracht. Sie hat den Tod ihres Vaters im Ghetto in Łódź erleben müssen, ebenso wie das Sterben ihrer vom Typhus geschwächten Mutter im Konzentrationslager Bergen-Belsen. Schon in dieser frühen Zeit hat sie sich ihr eigenes Unvermögen, an diesen Schicksalen etwas ändern zu können, eingestehen müssen. Vielleicht hatte sie wirklich viel Glück, wie sie selbst schreibt. Vielleicht war sie zum einen „zu jung und zum anderen alt genug"; zu jung, um alles zu verstehen, und alt genug, um es nicht mehr zu vergessen. Schließlich hat ihr aktiv gelebtes zweites Leben, ein Leben des Angehens gegen all die Vernichtungen und Ausgrenzungen, die sie in ihrem ersten Leben erfahren hatte, ihr nach Jahren der beruflichen Aktivität, der persönlichen Erfolge und des bürgerlichen Fortkommens die Möglichkeit gegeben, sich dem zu stellen, was all die Jahre in ihr lebte: der Erinnerung. Heute gerät in der Diskussion um die Möglichkeiten der Erinnerung jener Erlebnisse der Opfer die Generation der Kinder und Jugendlichen in den Blickpunkt, die die letzten Überlebenden jener großen Verbrechen der Nationalsozialisten sind. Junge Menschen, in denen das Erlebte oft wortlos geborgen schien, die mit ihrem Wissen, mit ihrem Erlebten leben mussten, oft ohne dafür Worte zu finden.

Isabelle Choko hat den Übergang vom ersten in das zweite Leben in beiden Partien ihrer Erinnerungen beschrieben, ja sie beginnt den Anfang ihres zweiten Lebens ausführlich mit dieser Beschreibung des Übergangs. Von Deutschland nach Schweden, von Schweden nach Frankreich führte sie ein Weg, bei dem viele Möglichkeiten eines zweiten Lebens schon auftauchten; von Familien ist die Rede, die sich ihr freundschaftlich verbunden fühlten und sie gar adoptieren wollten, eine erste

Liebe nach diesem Schrecken der Lager der Kindheit wird benannt. Aber auch die Beschreibung ihrer Verluste, in sehr neutralen, präzisen Worten, fällt in diese Zeit. Heute erinnert sich die Autorin daran, dass ihr ganzes Leben damals beendet schien, weil alle Akteure, alle Handelnden und Lieben ihrer Kindheit und Jugend, allen voran ihre Eltern, in dem Chaos der nationalsozialistischen Vernichtung verschwunden waren. Sie war allein geblieben und schlug eine Richtung dahin ein, wo es ihr gelang, ein neues, ein zweites Leben aufzubauen – es konnte jedoch nur in Teilen auf den Träumen des ersten fußen.

Isabelle Choko ist heute aktive Zeugin, eine Frau, die ihr Leben mit bewundernswerter Offenheit vor uns darlegt. Es waren die Fragen ihrer jungen Zuhörerinnen und Zuhörer, die sie bewegt haben, nicht nur die Schreckensgeschichten ihres ersten Lebens in den Lagern des NS-Regimes zu erzählen, sondern ebenso von dem großen Versuch der Bewältigung eines geschenkten und wieder gewonnenen zweiten Lebens zu berichten. Ein erfolgreiches Leben steckt in dieser zweiten Geschichte, erfolgreich in mehrfacher Hinsicht. Nicht nur die bürgerliche Karriere und der Erfolg im Beruf, nicht nur das Glück einer Familie und einer langfristigen Beziehung mit vielen Kindern, Enkeln und Urenkeln werden da vor uns aufgereiht. Erfolgreich ist dieses zweite Leben auch, weil Isabelle Choko schließlich das Schweigen gebrochen hat, das sie noch ihren Kindern gegenüber wahrte. Eine kluge Frau, die den Schrecken der Erinnerung lange wortlos in sich bergen musste, findet sie schließlich im Reden über die Erinnerung zur Wahrheit ihres Lebens zurück. Hier schließt sich der Kreis ihrer beiden Leben, sie fügen sich zueinander, das eine ist schließlich im anderen angekommen.

Erinnerung ist jedoch nicht einfach etwas, was getan werden kann. In jeder persönlichen Geschichte findet sich nicht nur das wieder Gefundene der Daten und Ereignisse, das Benennbare, oder jene schrecklichen Dinge, die so großen Schmerz verursachen. In jedem Versuch der Erinnerung bleibt das Ungenannte, das nicht Gesagte. Dieser unendliche Prozess des Erinnerns, der vor langer Zeit begann und in dem – angesichts der unvorstellbaren und grauenhaften Geschichte der Shoah, der Vernichtung der europäischen Juden durch die Nationalsozialisten – heute erst ein Anfang gemacht scheint. Nur das Reden und das Zuhören, das Weitertragen von Erlebtem, von berührenden Lebensgeschichten kann uns zu dem Punkt bringen, wo Erinnerung gestaltende Kraft bekommt.

Geht Dein Bild mich an?

Das Installationsprojekt von Esther Shalev-Gerz war notwendigerweise zeitlich befristet, daher freue ich mich besonders, dass Isabelle Chokos autobiographischer Bericht jetzt auch der deutschen Öffentlichkeit zugänglich ist.

Prof. Dr. Ulrich Krempel,
Direktor des Sprengel Museum Hannover

Sprengel Museum Hannover, 26. Mai 2002
Eröffnung der Ausstellung „Geht Dein Bild mich an?“
(v.l.n.r.: Isabelle Choko, Charlotte Fuchs, Esther Shalev-Gerz)

Mein erstes Leben

Vorbemerkung

Alles hier Berichtete ist absolut wahr. Ich habe es erlebt. Alle Personen haben wirklich gelebt. Manche, insbesondere einige Freundinnen und Freunde aus meiner Schulzeit, leben heute noch. Lediglich die chronologische Abfolge der Ereignisse mag hier und da unwillkürlich leicht geändert worden sein. All diese Seiten habe ich erst vor ganz kurzer Zeit zusammengestellt. Es war mir unmöglich, mit der Vergangenheit zu leben, daher hatte ich sie in meinem tiefsten Innern verschlossen. Hin und wieder aber, in Augenblicken, in denen ich allein war, überfielen mich meine Erinnerungen.

Ich musste sie aufschreiben, wenn ich mich befreien wollte.

Kindheit in Łódź

In einer Stadt in Polen lebte einmal ein kleines Mädchen. Eigentlich hieß sie Izabela, aber gerufen wurde sie Izia …

Isabelle, etwa ein Jahr alt

Ich wache auf, draußen ist alles weiß. Schnee liegt auf den Dächern und Fensterbänken. Ich springe aus dem Bett, laufe ins Schlafzimmer meiner Eltern und kuschele mich in die Arme meiner Mutter. Das Bett ist aus Rosenholz mit goldenen Verzierungen und erscheint mir riesengroß. Sonntag ist kein Tag wie alle anderen. Ich gehe nicht zur Schule und meine Eltern haben frei. Ich koste den Vormittag voll aus. Die grauen Augen meiner Mutter sehen mich liebevoll an, und zärtlich streicheln mich ihre feingliedrigen Hände. Endlich haben wir Zeit uns anzulächeln und miteinander zu reden. Während der Woche sind alle immer sehr beschäftigt. Meine Mutter und mein Vater arbeiten in ihrem *śkład aptęczny*, einer Art Drogerie, in der bestimmte Medikamente, aber auch Kosmetikprodukte verkauft werden. Ich selbst gehe zur Schule. Ich lerne Französisch, Rhythmischen Tanz und seit Kurzem auch Klavier und Schwimmen.

Aber heute ist Sonntag. Wir gehen ins Kino und sehen Charlie Chaplin, Harold Lloyd oder Shirley Temple. Ich bin erst zehn Jahre alt, deshalb darf ich die Filme mit meinen Lieblingsschauspielern Clark Gable, Tyrone Power usw. noch nicht sehen. Also sammle ich ihre Fotos, vor allem aber die Programmhefte ihrer Filme, die mich zum Träumen bringen. Da habe ich dann nur eine Sorge: rechtzeitig im Kino zu sein. Meine Eltern treffen unterwegs immer Bekannte und das „Blabla" will einfach kein Ende finden. „Und wie geht es Frau Galewska?" Das ärgert mich fürchterlich, denn wir heißen Sztrauch. „Und wie geht es Ihrer Tochter?" Dabei sehen sie mich doch! Ich zupfe meine Mutter am Ärmel, und endlich gehen wir los.

Nach dem Kino nehmen wir eine Pferdekutsche und fahren zu Babcia, meiner Großmutter mütterlicherseits. Dort trifft sich die ganze Familie meiner Mutter. Babcia wohnt am anderen Ende der Piotrowska-Straße, das ist die Hauptstraße von Łódź, einer großen Stadt mit Textilindustrie. In dieser Branche arbeitet auch ihr jüngerer Bruder Henryk. Sie teilen sich eine Wohnung. Sie haben Telefon, das ist damals in Privathäusern noch eine Seltenheit. Babcia ist daran gewöhnt, dass all ihre Kinder sich um sie kümmern, besonders meine Mutter, ihre älteste Tochter. Meine Mutter hat immer gearbeitet, zuerst zu Hause, dann außer Haus, und ihre Diplome hat sie in Abendkursen erworben. Dank meiner Mutter konnten ihre jüngeren Schwestern ihre Schulausbildung ganz normal fortsetzen. Ich sage „normal", aber faktisch gab es in Polen für die

Juden einen numerus clausus. Nur die vier oder fünf Besten eines Faches durften zur Universität. Kein Wunder, dass die Juden in allen Fächern glänzten!

Als sie ihr Diplom hatten, machten die drei Schwestern sich selbstständig und eröffneten zwei *składy aptęczne* und eine Apotheke. Alle drei beschlossen, als Firmennamen ihren Mädchennamen Galewska zu führen – eine vorzeitige Marketingidee. Der Name Galewska war in Łódź also sehr bekannt. Überwiegend Frauen kauften hier ein, denn sie interessierten sich sehr für französische Kosmetika. Alles was aus Frankreich kam, war in Polen sehr beliebt…

Wir kommen bei Babcia an. Am Tisch sitzen schon Onkel Leo, seine Frau Zósia, sein Sohn Miętek, Tante Bela, ihr Mann Zygmunt Friede, ihre Tochter Danusia, unser unverheirateter Onkel Henryk, Tante Pola und ihr Mann Natas Kowalew. Ihr Sohn Marek ist noch ein Baby, und sie haben ihn zu Hause gelassen. Am Schluss der Mahlzeit bekommen wir Babcias selbst gemachte Kekse, aber ich pule nur die Rosinen heraus und esse die. Danach unterhalten sich die Erwachsenen und fordern mich auf, ein Gedicht aufzusagen oder zu tanzen. Ich bin die Älteste von den Enkelkindern mütterlicherseits und stehe im Mittelpunkt der ganzen Familie. Ich weiß nicht, ob ich „Wunderkind" gespielt habe, auf jeden Fall amüsierte ich mich prächtig. Ich kann mich an keinerlei Zwang erinnern. Abends, wieder zu Hause, überprüft mein Vater mit mir zusammen den Inhalt meines Schulranzens und meine Hefte.

Alles ist für den nächsten Tag vorbereitet. Ich liebe meine Schule. Es mag sich dumm anhören, aber ich freue mich, meine Lehrerinnen und meine Klassenkameraden wieder zu sehen. Die Schule gehört zur pädagogischen Avantgarde und ist von zwei jungen Frauen aufgebaut worden, Frau Seligson und Frau Lebenhaft. Ich glaube, es war noch eine dritte Frau dabei, Frau Rusakowa, aber an sie erinnere ich mich nicht. Um die Jahre 1930-1933 hatten sie eine Grundschule aufgebaut und sie ganz einfach *Nasza szkoła* genannt, „Unsere Schule". Wir zahlten Schulgeld, wie es damals an allen Schulen in Polen üblich war, denn nur die Kinder aus ganz armen Familien besuchten die staatlichen Schulen. An unserer Schule waren Jungen und Mädchen im Alter zwischen sieben und zwölf Jahren. Alle Klassen waren gemischt – damals ganz außergewöhnlich! Auch das Unterrichtskonzept und die Atmosphäre waren ganz neuartig. Es war die einzige Schule, an der Religion ebenso Unterrichtsfach war wie Geschichte und Naturwissenschaften. Eine Bibliothek, eine eigene Zeitung und Unterricht in politischer Bildung rundeten das Bild ab. Gegen Ende des Schuljahres, im Juni 1939, war sogar die Rede davon, Sexualkundeunterricht einzuführen. Das war für die letzte Klasse geplant, in die ich ging. Das allgemeine Lebensniveau war in Polen viel niedriger als in Frankreich, aber unsere Schule konnte mit dem Lehrplan jedes hoch entwickelten Landes mithalten.

Nach dem Unterricht besuchten die Kinder einander zu Hause, aber wir trafen uns auch mit den Lehrkräften. Oft verbrachten wir die Ferien zusammen. Meine Eltern hatten sich für diese Schule entschieden, als ich sieben Jahre alt war. Damit hatte ich das Alter erreicht, in dem man in die „richtige" Schule gehen konnte. Damals begegnete ich auch zum ersten Mal Kindern aus armen Familien. Jeder von uns musste jeden Tag ein Brötchen mit Butter für diese Kinder mitbringen. Wer es vergessen hatte, musste wieder nach Hause gehen. Ein paar Mal beobachtete ich die Jungen oder Mädchen, die sich diese Brötchen holten. Ich begriff nicht, warum nicht alle Kinder so gehätschelt wurden wie ich. Ich hatte pfirsichfarbene runde Bäckchen, und offensichtlich reizten sie die Leute hinein zu zwicken.

Manche konnten es sich tatsächlich nicht verkneifen, aber ich mochte das überhaupt nicht und bedachte sie mit einem Blick, der auch die Kühnsten von jedem weiteren Versuch abhielt. Manchmal hörte ich, wie jemand sagte: „Sie wird eine Schönheit", aber das Schicksal sollte anders entscheiden.

Die Eltern, Jenta und Hersch-Mottel, um 1930

Die vier Schuljahre waren für mich eine sehr glückliche Zeit. Als Einzelkind wurde ich umhegt und vergöttert und konnte mich voll und ganz entfalten. Körperlich und geistig war ich in Hochform. Alles in meiner Umgebung konnte den Anlass für ein Fest abgeben. Allein schon in der Schule wurde ich dreißig Mal pro Jahr zu Geburtstagsfeiern eingeladen. Fast alle Kinder luden die ganze Klasse ein. Die Buchhandlung nebenan boomte, denn meist bekamen wir Bücher geschenkt. An meinem letzten Geburtstag hatten mir meine Eltern einen rosa lackierten Schreibtisch geschenkt. Dieses Jahr sollte die Einrichtung meines Zimmers durch ein Bücherregal komplett gemacht werden.

Leider sollte ich jedoch niemals ein rosa Bücherregal haben!

Meine Puppe Shirley Temple habe ich schon vor langer Zeit weggelegt. Ich interessiere mich jetzt für andere Dinge, aber von Zeit zu Zeit ziehe ich sie doch noch um. Sie ist meine letzte Puppe. Ich lese statt zu spielen. Onkel Toms Hütte gehört zu meinen ersten Büchern. Die Lektüre erschüttert mich zutiefst, und als man mir dann auch noch versichert, dass es die Sklaverei wirklich gegeben hat, bin ich vollständig durcheinander. Wie haben die Menschen so etwas nur tun können? Ich vergieße heiße Tränen.

Ganz allgemein war ich meiner Umgebung gegenüber aufmerksam. Die junge Frau, die auf mich aufpasste, vertraute mir oft ihre Sorgen und ihren Liebeskummer an. Ich beriet und tröstete sie. Bei meinem bisschen Lebenserfahrung muss das ziemlich komisch gewesen sein, aber sie hat nie gelacht, sondern hat mir immer aufmerksam zugehört. Im Hof neben unserem Haus wohnte meine Schneiderin. Dort lebten auch Leute, die eine Kuh hatten, die mehrere Familien mit Milch versorgte. Zu meinem Leidwesen erlaubten meine Eltern mir nie im Hof zu spielen.

Es kommt selten vor, dass ich krank bin, ungefähr drei oder vier Mal in zehn Jahren. Meine Mutter sitzt dann an meinem Bett und weint. Sie pflegt mich rund um die Uhr, aber vorsichtshalber ruft sie doch auch den Arzt, und jedes Mal höre ich ihn wieder sagen: „Warum lassen Sie mich überhaupt kommen? Sie haben Ihre Tochter doch perfekt versorgt." Meine Mutter weint aber immer noch und fragt ihn um Rat. Ich trinke einstweilen Tee und mache es mir im Bett bequem. Ich blättere in einem französischen Bilder-Lexikon, das mir immer in dieser Situation Gesellschaft leistet.

Meine Mutter war der Ansicht, ich hätte alte Eltern. Sie fürchtete, sie könne mir in der Zeit meiner Ausbildung und auf meinem weiteren Lebensweg nicht immer beistehen. Zu dieser Zeit hörte ich von einer Versicherungsgesellschaft Lloyd, die eine Niederlassung in Łódź hatte. Ich weiß genau, dass meine Eltern für mich eine Versicherung abgeschlossen haben, aber ich bin nicht sicher, ob es bei Lloyd war. Ich sollte Geld für mein Studium bekommen oder beim Erreichen der Volljährigkeit.

Natürlich sind all diese Unterlagen verschwunden.

Im selben Haus wie ich wohnte auch Marysia. Ihr Vater war Arzt, Laryngologe. Als ich sah, wie wenig Zeit er für seine Kinder und seine Frau hatte, beschloss ich, später nicht Ärztin zu werden. Der Beruf war mir interessant erschienen, aber ich stellte wieder einmal fest, dass mein Wunsch, in der Forschung zu arbeiten, doch eher der Vorstellung von meinem späteren Leben entsprach. Als ich ganz klein war, hatte ich Tänzerin werden wollen, aber das war schon lange vorbei und vergessen.

Einstweilen begleitete ich Marysia jeden Tag zur Schule, denn sie war kleiner als ich und wirkte weniger selbstständig. Sie wich nur selten von meiner Seite, und ihre Unterstützung war mir jederzeit sicher, zum Beispiel, wenn in der Schule eine Wahl stattfand.

Wir waren an die vierzig Kinder in unserer Klasse. Fräulein Schechter, unsere Sportlehrerin, war blond und von ansteckender Fröhlichkeit. Fräulein Czernianka war unsere Klassenlehrerin. Die besten Schülerinnen und Schüler mussten ganz hinten sitzen, damit diejenigen, die irgendwelche Schwierigkeiten hatten, vorn Platz fanden. Ich saß also hinten, neben Józio oder Romek. Sie waren sehr gute Schüler und in der Schule besonders brav. Vorn saß der Lausbub Rysio und Maryś, der ständig herumalberte. Hinten saß auch Irka, die Tochter eines sehr bekannten Arztes, mit der wir um den Rang als Klassenbeste wetteiferten. Irka war ebenso schlank wie geistig rege, während ich pummelig und nachdenklicher war. Außerdem war ich immer mit tausend anderen Dingen beschäftigt – im Unterricht spielten wir nur allzu gern „Schiffe versenken" – und ich hatte die ärgerliche Angewohnheit, den Unterrichtsstoff auf dem Schulweg zu lernen. Die Mühelosigkeit machte mich leichtsinnig, und so musste ich Irka oft den ersten Rang überlassen.

Nach der Schule ging „Fräulein", ihre Kinderfrau, manchmal mit uns in den Narutowicza-Park. Irka mochte nichts essen, nichts machte ihr Freude. Ich werde nie vergessen, welche Mühe sie hatte, eine Banane zu essen. Dieses groß gewachsene, schlanke und so lebhafte dunkelhaarige Mädchen mit seinen schwarzen Augen, in denen haselnussfarbene Lichtreflexe blitzten, brauchte Stunden, um einen Mundvoll Essen hinunter zu schlucken.

Das Schuljahr näherte sich seinem Ende. Diesmal sollten Irka und ich im Smoking und mit Zylinder, Lackschuhen und Stöckchen den Lambethwalk tanzen. Unsere Nummer stand perfekt. Ich tanzte sehr routiniert. Schließlich hatte ich Rhythmischen Tanz gelernt, und außerdem hatte Natas, mein jüngster Onkel, mir Walzer beigebracht, als dreijährigem Kleinkind! Jedes Jahr im Dezember führten wir ein Stück auf. Die Eltern waren natürlich entzückt, wenn sie ihre Sprösslinge bewundern konnten. In jenem Jahr endete das Stück schon während der Proben. Den letzten Winter hatte ich in Rabka verbracht, einem in Polen sehr bekannten Wintersportort. Zusammen mit einigen anderen Kindern aus unserer Klasse hatte ich Frau Seligson begleitet. Ich lief Ski, außerdem half ich Frau Seligson bei der Aufsicht über die Mannschaft, und sie war hochzufrieden mit meiner Anwesenheit. Sie war es auch, die eines Tages den Satz äußerte, ich sei begabt „do tanca i do rozanca“ (in etwa: für den Tanz ebenso wie für die Ehe).

Von allen Kindern unserer Klasse haben sechs überlebt, drei Mädchen und drei Jungen – verglichen mit der Anzahl der Überlebenden insgesamt ein ganz enormer Prozentsatz. Irka und ihre Eltern wurden vom japanischen Konsul in Litauen, Sugihara, gerettet, der mehreren hundert jüdischen Familien Visa erteilte. Sie konnten Europa verlassen und nach Japan gehen. Marysia und ihre Eltern blieben in Łódź, sie waren unter den zweihundert Menschen, die noch im allerletzten Augenblick untertauchen konnten. Sie wurde von den Russen befreit. Romek ist deportiert worden. Er wurde von seiner Mutter getrennt und blieb mit seinem Bruder zusammen, beide haben überlebt. Józio ist auch deportiert und brutal von seiner Mutter getrennt worden. Marjan und seine Eltern flohen nach Russland, dort konnte die ganze Familie überleben – trotz widriger Umstände, aber die waren nichts, verglichen mit den deutschen Lagern. Die sechste bin ich. Ich wurde deportiert und bin ganz allein übrig geblieben...

Wir kehrten nach Łódź zurück, und das Leben ging wieder seinen normalen Gang. Wann immer es möglich war, begleitete mich meine Mutter. Sie verbrachte mit mir so viel Zeit wie sie nur konnte. Nachmittags ging sie manchmal mit mir zur Schlittschuhbahn und bekam beim Warten eiskalte Füße, denn sie selbst lief leider nicht Schlittschuh. Mein größtes Vergnügen bestand darin, über das Eis zu sausen, die Geschwindigkeit zu spüren und den Wind, der mich in die Wangen kniff, vor Kälte tränten mir die Augen – der pure Rausch!

Diese Woche habe ich erfahren, dass meine Cousine Danusia uns über Nacht besuchen kommt. Danusia ist jünger als ich und hat rotblonde Haare und Sommersprossen. Ich bin nicht gerade begeistert über ihre Anwesenheit, zumal ich – Gastfreundschaft verpflichtet! – meinem Cousinchen mein Bett überlassen und in einem provisorischen Bett daneben schlafen muss.

Isabelle und ihre Cousine Edith, um 1933

Die Regeln der Gastfreundschaft wurden bei uns sehr ernst genommen. Jeder Gast hatte Anrecht auf einen warmen Empfang und absolutes Vorrecht vor den Gastgebern. Das Pessach-Fest stand vor der Tür und wir gingen zu Tante Frania, die ein traditionelles Gericht gekocht hatte. Bei diesem Anlass traf sich die ganze Familie väterlicherseits: Babcia II (Oma II), Tante Frania, Tante Eva und ihr

Mann, noch jemand, an den ich mich nicht erinnere, Tante Mania und ihr Mann, dessen Namen ich auch nicht mehr weiß. Die beiden Onkel fehlten: Zygmunt lebte in Paris und Mietek in Warschau.

„Dziadek“, Großvater, war schon vor vielen Jahren gestorben. Ich habe keinen meiner Großväter gekannt. Babcia II wohnte erst seit ungefähr 20 Jahren in Łódź. Sie hatte ein kleines Fotoatelier, wo ich manchmal den Nachmittag verbrachte. Ich retuschierte Fotos, die Babcia II mir gab. Sie erklärte mir, dass man Kontraste und Klarheit bei den Linien erzielen musste. Dies war meine erste „künstlerische“ Betätigung.

Seit dem Tod meines Großvaters lebte Babcia II allein. Opa war gestorben, als er den Familiensitz verlassen musste, weil der von den Kosaken beschlagnahmt wurde. Das geschah gegen Ende des Ersten Weltkrieges. Es war ein riesiges Landgut, auf dem die Familie sehr lange gelebt hatte. Mein Vater erzählte mir seine Erinnerungen, wie er vom Pferd gefallen war und wie sehr seine Schwestern die Schar der Hunde liebten. Er zeigte mir auch Fotos: ein großes Wohnhaus mit weitläufigen Ställen und Nebengebäuden. Es gab an die vierzig Hunde, Pferde, eine Kutsche und riesige Weizenfelder. Jedes Jahr fand zur Ernte ein großes Fest statt. Das schönste Mädchen wurde gewählt, und diese junge Frau führte dann, mit einer Blumenkrone geschmückt, den Festzug an. Mein Vater und seine Geschwister hatten einen Hauslehrer. Nur selten verließen sie das Landgut, das in der Gegend von Kielce bei Radom lag. Die Geburt meines Vaters wurde im nahe gelegenen Szydłow amtlich registriert. Mein Großvater war in der gesamten Region für seine Güte und seine Großzügigkeit bekannt. Ich kannte ihn aber nur von Bildern. Sein Gesicht sprach zu mir, denn seine Züge und seine Augen waren sehr ausdrucksvoll.

Jetzt war Babcia II an der Reihe und hatte uns verlassen. Ich wollte unbedingt mit zur Beerdigung gehen, aber meine Eltern entschieden, ich sei noch zu klein, und all mein Betteln nützte nichts.

Noch ein anderes Mal schlugen mir meine Eltern etwas kategorisch ab, obwohl sie doch sonst alle meine Wünsche erfüllten. Es ging um eine Fahrt nach Paris. Mein Vater musste einen Spezialisten für Nervenleiden aufsuchen, Dr. Levastine. Er fuhr allein und nutzte für seine Reise die Sonderkonditionen im Zusammenhang mit der Weltausstellung in Paris. Damals erfuhr ich, dass mein Vater schon lange krank war, aber man bemerkte es kaum. Nach reiflicher Überlegung beschloss ich, später zu studieren und in der Forschung auf medizinisch-chemischem Gebiet zu arbeiten. Das schien mir die beste Möglichkeit, wie ich meinem Vater und anderen Menschen würde helfen können, die an schwer heilbaren Krankheiten litten.

Mein Vater war ein sehr sanfter Mann mit hellen blauen Augen und dunklem kastanienbraunem Haar. Er vergötterte mich und hing sehr an der Familie und unseren Freunden. Nur ein einziges Mal habe ich erlebt, dass er die Geduld verlor, seinen Gürtel abschnallte und damit vor mir herumfuchtelte. Was für ein „schreckliches Balg" muss ich an jenem Tag gewesen sein. Als der schlimme Augenblick vergessen war, erfuhr ich eine tolle Neuigkeit. Onkel Henryk würde heiraten. Dieser eingefleischte Junggeselle hatte eine charmante junge blonde Frau gefunden, die seinem Junggesellendasein ein Ende bereiten sollte. Sie würden in Krakau heiraten (der polnischen Königsstadt und früheren Hauptstadt). Diesmal hatte ich mehr Glück, denn ich durfte mitfahren.

Ich komme in einem großen Hotel an und bin von seiner Pracht tief beeindruckt, einem riesigen Foyer mit einer wahnsinnig großen Menschenmenge. Unter dem Publikum ist auch eine Gruppe Franzosen. Sofort bittet mich meine Mutter, ich solle zu ihnen hingehen und ihrem Gespräch zu folgen versuchen. Wie groß ist aber meine Enttäuschung, als ich lediglich die Worte merci, bonjour, au revoir [danke, guten Tag, auf Wiedersehen] herauszuhören vermag. Ich bin tief beschämt, meine Eltern dermaßen zu enttäuschen. Für die Zukunft eines Mädchens, dessen Eltern für sie eine Karriere in Frankreich oder doch wenigstens ein Studium planen, sieht das ganz schlecht aus.

Nach der Rückkehr aus Krakau nahm ich meine gewohnten Aktivitäten wieder auf, Klavier und Schwimmen. Zweimal pro Woche begleitete meine Mutter mich nach ihrem Feierabend ins Schwimmbad. Wir mussten mit dem Zug fahren, da das Schwimmbad außerhalb der Stadt lag. Ich war ein bisschen wasserscheu, aber der Schwimmlehrer gab mir Unterricht und langsam fasste ich Vertrauen.

Bei der Musik war es ganz etwas anderes! Ich hatte mich für das Klavier entschieden, denn meine Bemühungen, einer Geige auch nur den kleinsten Ton zu entlocken, hatten einfach fürchterlich geklungen. Trotzdem fand ich, dass die Geige sehr gut Gefühle ausdrücken kann. Das Klavier fiel mir aber leichter. Ich singe falsch, aber mein Gehör ist in Ordnung. Leider dauerte mein Klavierunterricht nur knapp ein Jahr.

Der Unterricht in Rhythmischem Tanz fand zwei Mal wöchentlich statt. Ich liebte diese Übungen eines Körpers, der harmonisch heranwächst. Mein Gang wurde leicht und anmutig. Nach dem Kurs blieben wir noch ein wenig am Fenster stehen und sahen den Frauen bei ihren Übungen zu, ein unvergesslicher Anblick. Wir lachten uns schlapp, so ungeschickt kamen sie uns vor.

Zu Hause erwartet mich „Mademoiselle“ zum Französischunterricht. Als Tochter eines russischen Generals hatte sie schon als kleines Kind Französisch gelernt, aber ich habe nie erfahren, wie. Ich bin immer fasziniert von „Mademoiselles“ Aussehen: Ihre weißen Haare sind an beiden Seiten des Kopfes auf papierene Lockenwickler gedreht, darüber hat sie einen schwarzen Hut gestülpt, und sie selbst ist ganz in einen gestrickten Umhang aus grauer Wolle gehüllt. Sie braucht schier unendliche Zeit, ihn ab- und umzuwickeln. Das Ende der letzten Schicht wird mit einer riesigen Sicherheitsnadel befestigt, die das Ganze zusammenhält. Ein schwarzer Regenschirm macht das Bild komplett. Ich kann es mir nicht verkneifen, sie zu fragen: „Warum nehmen Sie jeden Tag einen Regenschirm mit?“, und ohne zu zögern antwortet sie: „Weil es regnen könnte“. Es ist unnachahmlich! Dann beginnt der Unterricht, und wenn ich meine Hausaufgaben gut gemacht habe, endet der Tag mit einer Partie 66, einem „Mademoiselle“ zufolge sehr bekannten Kartenspiel. Seither hat mir jedoch niemand in Frankreich jemals sagen können, was für ein Spiel das ist.

Eines Tages bringt eine junge Frau ihre Tochter in die Schule. Sie ist viel größer als wir, aber taubstumm – na ja, zumindest beinahe. Ein paar undeutliche Laute kommen aus ihrem Mund, und sie kann uns die Worte von den Lippen ablesen. Ein paar Kinder machen sich über sie lustig. Auf der Stelle, bevor dieses Grüppchen noch mehr Zulauf bekommt, gehe ich sehr entschieden dazwischen. Ich bitte die Lehrerin, das Mädchen neben mich zu setzen. Während der ganzen Zeit, die sie in unserer Klasse war, sind wir zusammen geblieben. Ich lerne sehr schnell, mich mit ihr zu verständigen. Ihr etwas grimassenhaftes Lächeln entzückt mich. Eines Abends klingelt es an unserer Wohnungstür. Verblüfft sehe ich meine Freundin auftauchen, in Begleitung ihrer Mutter, und sie überreicht mir einen großen Blumentopf. Sie wollen mir unbedingt danken, aber ich möchte vor Verlegenheit am liebsten in ein Mauseloch kriechen. Ich hatte mich doch nur völlig normal verhalten! Bei meinen Eltern und in der Schule hatte ich Mitgefühl mit dem Schmerz anderer gelernt. Und ich hatte auch gelernt, dass es in jedem Lebewesen etwas Gutes gibt, und dass Aufrichtigkeit und Geradheit immer belohnt werden. Die dunkle Zeit, die ich später erlebte, stellte diese Art zu denken in Frage. Damals herrschten so außergewöhnliche Umstände, dass die Menschen den grundlegenden Sinn des Lebens vergessen hatten. So erkläre ich es mir. Und das Leben geht weiter...

Ich warte auf den Augenblick, in dem meine Mutter sich an ihre Frisierkommode setzt und ein wenig Puder und Parfum der Marke Guerlain auflegt. Der Parfümflakon ist in einer hübschen Holzschachtel mit einem Dekor aus Leuten und Girlanden darauf. Meine Mutter hat kurze kastanienbraune Haare und sitzt nie lange vor dem Spiegel. Sie nimmt sich nie viel Zeit für sich selbst. Ihre einzige Koketterie besteht darin, dass sie ein Korsett mit Fischbein trägt. Manchmal muss ich ihr helfen, es zu schnüren. Was für eine Arbeit und was für eine Schinderei! All das nur um eine möglichst dünne Taille zu haben, eine Wespentaille – die sie im Übrigen nicht hatte.

Mir gegenüber war meine Mutter immer sehr aufmerksam. Ich musste mich sorgfältig pflegen. Jeden Tag musste ich mein Gesicht mit schützender Nivea-Creme einreiben. Eine Schneiderin nähte meine Kleider, damit ich mit der Mode ging. Bei aller Nachsicht meiner Eltern musste ich doch einige Grundregeln beachten: Ich musste meine schulische Ausbildung und andere Aktivitäten ernsthaft betreiben. Am Wochenende musste ich in der Küche mithelfen und mein Bett selbst machen. Ich musste halten, was ich versprochen hatte und ich musste die Wahrheit sagen. Ach ja, ich vergaß die Bescheidenheit zu erwähnen. Die anderen Leute sollten von selbst meine Vorzüge bemerken. Diese Einstellung hat mir später im Berufsleben etliche Streiche gespielt. Dennoch habe ich mich an diese Regel gehalten. Ich bin aber gar nicht sicher, ob meine doch unbestreitbaren beruflichen Kenntnisse im selben Maß aufgefallen wären, wenn ich nicht auch hübsch gewesen wäre.

Moralische und geistige Werte galten bei uns zu Hause viel mehr als das Aussehen. Unsere Stars waren Forscher, Schriftsteller und Musiker, aber keine Filmschauspieler, denn die hielten wir für nicht gerade seriös.

Seit Pessach hatte ich Babcia II nicht mehr besucht. Die Familie väterlicherseits sahen wir ziemlich selten, denn meine Mutter interessierte sich hauptsächlich für ihre eigene. Später sagte mir sie, wie sehr sie es bereute, für die Wünsche meines Vaters nicht empfänglicher gewesen zu sein.

Von gelegentlichen Besuchen in der Synagoge, traditionellen Mahlzeiten zu den Feiertagen und ein paar Kerzen, die am Freitagabend angezündet wurden, wusste ich, dass ich jüdischer Herkunft bin, aber der Unterschied zu den Katholiken entging mir völlig. Wir lernten dieselbe Sprache, dieselbe Geschichte und dieselbe Literatur. Der einzige Unterschied bestand vielleicht darin, dass meine Eltern Jiddisch sprachen, wenn sie etwas geheim halten wollten. Ich verstand dann nur „Bahnhof“. All meine Freundinnen und Freunde sprachen Polnisch. Immerhin wusste ich, dass Juden in die Synagoge gingen und Katholiken in die Kirche. Untereinander nehmen wir unsere kindlichen

Gewohnheiten wieder auf. Oft trafen wir uns bei Lucynka, Mädchen wie Jungen. Im Schutz der großen Kanapees im Wohnzimmer tauschten wir erste Küsse.

So kamen die großen Ferien 1939. Die Atmosphäre erschien mir seltsam drückend, aber wie sonst immer fuhr ich auch dieses Jahr in eine Ferienkolonie an einen Ort, den ich sehr mochte, nach Kolumna (ein Dörfchen in der Nähe von Łódź). Dort trafen wir uns jedes Jahr, an die vierzig Kinder, die miteinander Spaß hatten und Unsinn machten. Ich kam immer mit einem großen Koffer, denn meine Mutter hatte ein- für allemal beschlossen, ich solle eine Garderobe wie eine Prinzessin haben. Ein blassgrünes Ensemble mit rosa Kragen und passendem Hut, ein blaues Kleid mit Seidenbändern. Aber natürlich zog ich mich vor allem bequem an und hob die elegante Kleidung für die Festabende auf. Heute stelle ich fest, dass ich meine Mutter bitten musste, sich selbst ein Kleidungsstück zu kaufen, und dass meine Eltern viel Geld für mich ausgaben.

Dieses Jahr habe ich besonders viel Spaß, dabei weiß ich noch nicht, dass es das letzte Mal ist. Ganz in der Nähe unserer Unterkunft erstrecken sich die Felder mit einem riesigen gelben Teppich aus Sonnenblumen bis zum Horizont. Ungeduldig erwarten wir das Ende des Sommers, dann verschwinden zwar die Blüten, aber wir haben dann einen neuen Genuss, denn es macht solchen Spaß, die Sonnenblumenkerne zu essen. Man muss außerordentlich geschickt sein, um sie auszupulen und zu öffnen. Das ist doch mal eine gesunde Beschäftigung!

Eines Tages bittet mich Marek Dymant, ein Freund, mit ihm zusammen auf die Ankunft seiner Mutter zu warten. Zwar sehe ich eine blonde junge Frau auf uns zukommen, aber Marek rührt sich nicht. Er steht wie angewurzelt und braucht eine Weile, bis ihm klar wird, dass seine

Mutter sich von einer schönen Brünetten in eine hübsche Blondine verwandelt hat. Endlich stürzt er sich in ihre Arme und gibt ihr einen Kuss.

Es wurde Ende August, und meine Eltern waren mich noch nicht abholen gekommen. Dabei leerte sich das Kinderheim langsam, und ich hörte Gerüchte: „Es wird Krieg geben". Allmählich wurde ich unruhig. Ich erinnerte mich an den Bericht meiner Mutter, wie sie im Krieg 1914-1918 im Kugelhagel zur Schule ging. Es gab nicht viel zu essen, nur Kartoffeln. Ich dachte an meine Mutter, die solchen Wert darauf legte, dass ich mich ausgewogen ernährte. Sie gab der jungen Frau, die auf mich aufpasste, immer genaue Anweisungen. Morgens dagegen kümmerte sich mein Vater um meinen Start in die Schule und gab mir warme Milch, ein Stück Schokolade und eine Orange – in Polen ein großer Luxus.

Jeden Tag half mir mein Vater, meine Schulsachen vorzubereiten. Er war eher ein Frühaufsteher, während meine Mutter bis spät abends arbeitete.

Meine Eltern wollten nicht, dass ich sie in der Apotheke besuchte. Aber mir machte das großen Spaß und ich erkämpfte mir mehr als einmal den Zutritt. Der Geruch, eine Mischung pharmazeutischer und kosmetischer Produkte, zog mir in die Nase. Die bunten Glasbehälter, die Reklametafeln, Guerlain, Bourgeois, Soir de Paris, Bébé Cadoum und ein geheimnisvolles Olla gum – alles faszinierte mich. Onkel Léon war immer da, denn er war der Teilhaber meiner Mutter. Ich fragte, warum er Teilhaber war. Er war nämlich allein berufstätig, und meine Eltern arbeiteten beide. Warum blieb seine Frau mit ihrem Sohn zu Hause, während ich allein war? Ich habe nie eine Antwort bekommen, aber die Frage kümmerte mich auch nicht sonderlich.

Ich bin immer noch in den Ferien – inzwischen äußerst beunruhigt – und warte auf meine Eltern. Endlich kommen sie, aber sie machen ernste Gesichter. Beide sehen so besorgt aus, wie ich es mir nie hätte vorstellen können. Als sie mich sehen, scheinen sie sich gar nicht zu freuen. Ich bin verblüfft, da ich sonst immer im Mittelpunkt ihrer Aufmerksamkeit stehe, und begreife gar nichts mehr. Wir nehmen den Zug, um nach Łódź zurück zu fahren, und am Bahnhof murmelt meine Mutter: „Wir sollten die Koffer gar nicht erst auspacken."

Aber wenn man weggehen will, braucht man Geld und Visa, und außerdem müssten wir Babcia und die Familie im Stich lassen.

Also bleiben wir.

Krieg und Niederlage

Zu Hause ist alles anders geworden. Die normalen Aktivitäten sind zum Erliegen gekommen, und alle Leute tummeln sich, um Gasmasken anzufertigen. Das nennt man so, aber faktisch handelt es sich um ein viereckiges Stück Gaze mit angenähten Bändern, um es vor Mund und Nase befestigen zu können. Ich weiß nicht, ob unsere Masken bei einem richtigen Giftgasangriff sehr viel genützt hätten. Eines Nachts wecken mich meine Eltern in großer Aufregung. Sie schnappen sich zwei Koffer, die schon fertig gepackt sind, nehmen mich bei der Hand und gehen hinunter auf die Straße.

Wir landen in einem unbeschreiblichen Chaos. Eine Menschenmasse, Männer, Frauen und Kinder, drängen in eine bestimmte Richtung. Ich höre Gerüchte und meine Eltern machen sich Sorgen: „Die Deutschen kommen und sie werden alle arbeitsfähigen Männer zur Zwangsarbeit nach Deutschland bringen." Also versuchen alle arbeitsfähigen Männer, allein oder mit ihren Familien nach Russland zu gelangen. Aber wir müssen die anderen warnen, vor allem Babcia. Daher gehen wir gerade in die Gegenrichtung und haben irrsinnige Mühe, uns einen Weg zu bahnen. Wir kommen an unserer ersten Station an. Tante Bela wohnt in einem Haus, das einem Volksdeutschen gehört (einem Polen deutscher Abstammung), und sie ist nicht einmal wach. Die ganze Familie schlummert friedlich. Später haben wir den Schluss gezogen, dass es sich um eine Provokation der Deutschen handelte, um alle Männer auf die Straße zu bekommen, und dann sollten die Straßen bombardiert werden. Das Ganze war Teil eines machiavellistischen Plans: zuerst möglichst viele Elemente auszuschalten, die fähig wären, eine Widerstandsbewegung aufzubauen, und dann ganz allmählich die Menschen durch Arbeit, Demütigungen und Misshandlungen mürbe zu machen. Gleichzeitig wiegte eine äußerst gut gemachte Propaganda die Bevölkerung in vorgeblicher Sicherheit.

Inzwischen kleidet Tante Bela sich in aller Eile an und weckt ihre Tochter Danusia. Ihr Mann Zygmunt macht sich auf den Weg nach Russland. Er sollte der einzige Überlebende seiner Familie sein. Meine Mutter, mein Vater, der leider wegen seiner Krankheit nicht weg kann, Tante Bela, Danusia und ich laufen zu Babcias Haus.

Nach langem Hin- und Herüberlegen wird beschlossen, dass Tante Polas Mann, Natas Kowalew, weggehen soll, aber Babcia mit all ihren Töchtern und den Kindern sowie mein Vater werden an Ort und Stelle bleiben.

Die Bombenangriffe beginnen. Alle gehen in die Bunker, aber meine Mutter hat kategorisch erklärt, zu Hause wären wir genau so sicher. Wir hören die Flugzeuge und drücken uns nur an die Wand im Esszimmer. Man muss allerdings sagen, dass die Angriffe nicht lange dauern und es in der Stadt zu keinen allzu großen Schäden kommt.

Einige Tage vergehen, da kündigt man uns den Einmarsch der Deutschen in Łódź an. Ich habe vor, mich ans Fenster zu stellen und zuzusehen, wie die Kugeln im Hof herumfliegen, aber für uns ist die Schlacht beendet. Polen hat kapituliert. In den Straßen von Łódź werden die Deutschen von zahlreichen Sympathisanten lächelnd und mit Blumen begrüßt. Für mich sollten nun die düstersten Kapitel meines Lebens beginnen. Die Deutschen verloren keine Zeit und erließen sofort antijüdische Gesetze, und diese wurden auch unverzüglich angewandt.

Die Registrierung erforderte keine weitere Formalität, denn in Polen wurden alle Juden automatisch erfasst, da ihre Papiere die Rubrik „Religionszugehörigkeit: jüdisch" enthielten. Wir mussten zwei Sterne tragen, einen vorn und einen hinten. So konnte man Juden auch von hinten erkennen. Die Requirierung jüdischer Betriebe und die straffreie Beschlagnahme von jüdischem Privatbesitz waren jetzt gang und gäbe. Dann wurde den Juden verboten, die Piotrkowska-Straße zu überqueren, die Hauptverkehrsader, die mitten durch die Stadt führte.

So wurden die Familien und die Leute überhaupt voneinander getrennt und waren isoliert, ohne jede Verständigungsmöglichkeit. Die Höllenmaschine, die die Juden, die Zigeuner, die Homosexuellen, die Freimaurer und alle, die Widerstand leisteten, zermalmen sollte, hatte sich in Gang gesetzt.

Meine Mutter bittet Pani Mania (Frau Mania), mit mir auf die andere Seite der Piotrkowska-Straße zu gehen, um Babcia zu besuchen. Frau Mania ist katholisch und hat immer schon in der Apotheke meiner Eltern gearbeitet. Unterwegs weigere ich mich trotz Frau Manias Vorhaltungen, meine Sterne abzumachen. Wir betreten die Piotrkowska-Straße. Frau Mania hält etwas Abstand zu mir. Ich habe noch keine zwei Schritte gemacht, da ruft mich der deutsche Soldat, der den Verkehr regelt: *„Wohin gehst du?"*[1] Ich habe gerade angefangen, Deutsch zu lernen, und verstehe ihn durchaus, doch ich bleibe wie versteinert stehen. Er ruft: *„Komm mit"*, und macht Anstalten, auf mich zuzugehen. Immer noch stumm und reglos sehe ich ihn fest an. Schließlich wird der Soldat ärgerlich und stößt hervor: *„Geh weg"*, und das verstehe ich sofort. Ohne mich umzudrehen stürze ich davon und renne so schnell ich kann nach Hause zurück. In der Zwischenzeit ist Frau Mania weitergegangen, und ich habe sie aus den Augen

---

1 Kursive Zitate im Original deutsch.

verloren. Atemlos komme ich zu Hause an und berichte von meinem Missgeschick. Von diesem Tag an hat mich meine Mutter nie wieder der Obhut von irgendjemandem anvertraut. Meine Eltern wollten so tun, als führten sie weiterhin ein normales Leben. Ich nahm meine früheren Aktivitäten wieder auf.

Während einer Französischstunde hat „Mademoiselle" ein Buch vor sich auf dem Tisch liegen, und ich sitze neben ihr. Wir lesen gemeinsam. Plötzlich hören wir die Eingangstür unter heftigen Schlägen erzittern. „Mademoiselles" Gesichtsfarbe ist normalerweise schon gelb, aber jetzt ist sie ganz grün geworden. Hastig beginnt sie ihre Bücher und Hefte zusammen zu packen, aber ich hindere sie daran, weil ich fest entschlossen bin, mit dem Unterricht weiterzumachen. Auf einmal fliegt die Tür auf, und zwei Männer in Zivil kommen ins Zimmer. Sie beachten uns kaum und beginnen in aller Ruhe, die Wohnung nach Dingen zu durchsuchen, die für sie interessant sein könnten. Ohne sich umzudrehen, gehen sie wieder weg, mit Paketen beladen. Hauptsache, sie haben die Tafel Schokolade nicht mitgenommen, die in meinem Rucksack steckt. Sie haben sie nicht angerührt. Das nächste Mal werde ich wissen, wo meine Mutter die Wertsachen versteckt. Ich sehe „Mademoiselle" an, die vor Angst halb tot ist.

Das war meine letzte Französisch-Stunde.

Eines Nachmittags nehmen meine Eltern mich mit zur Apotheke. Das überrascht mich. Erstaunt sehe ich zwei Männer an, die auf meine Mutter zugehen. Ich habe sie noch nie gesehen. Mit Tränen in den Augen überreicht ihnen meine Mutter den Schlüsselbund der Apotheke. Einige Worte werden gewechselt, und dann verlassen wir die Apotheke für immer. Tiefes Schweigen begleitet unsere Schritte. Meine Mutter hält meine Hand ganz fest. Die

Frucht von zwanzig Jahren Arbeit muss Fremden überlassen werden, die nur die Hand nach den Schlüsseln auszustrecken brauchen. Die Schlüssel zu einem jüdischen Geschäft, das offensichtlich niemandem gehört. Meine Mutter, die diese Apotheke als ganz junge Frau aufgebaut hatte, ist am Boden zerstört. Aber man lässt ihr keine Zeit zum Jammern. Nach einem zweiten Eindringen der Deutschen in unsere Wohnung finden wir das Eltern-Schlafzimmer versiegelt. Die schönen Rosenholz-Möbel, Nachbildungen von denen aus dem Wawel-Schloss in Krakau, haben bei diesen Herren Gefallen gefunden. Meine Eltern müssen ein zusätzliches Bett ins Wohnzimmer stellen. Auf jeden Fall ist wieder irgendein Gesetz erlassen worden. Alle Juden müssen ihre Häuser und Wohnungen verlassen und in ein Ghetto[2] umziehen.

---

2 Ghetto: Seit der Antike lebten Juden in Europa, seit der Spätantike in Deutschland. Ursprünglich konnten sie fast allen Berufen nachgehen, meist hatten sie volle Handelsfreiheit und durften auch Grundeigentum erwerben. In der mittelalterlichen Stadt lebten die einzelnen sozialen Gruppen und Berufsgruppen meist überwiegend in einem bestimmten Stadtviertel oder einer Straße. So lebte auch die Mehrzahl der Juden üblicherweise in einer (dann nach ihnen so genannten) Judengasse oder einem Judenviertel. Ebenso wie meist auch einige Juden außerhalb dieses Stadtteils lebten, wohnten auch Nichtjuden innerhalb des Judenviertels.

Seit dem 13. Jahrhundert forderte die Kirche jedoch zunehmend die räumliche Trennung der Juden von der christlichen Bevölkerung. Solche Ghettos führten zwar aufgrund der Bevölkerungszunahme oft zu bedrückender räumlicher Enge, waren aber nicht von vornherein Armutsviertel. Allerdings waren die Ghettobewohner meist erheblichen, zum Teil diskriminierenden Restriktionen unterworfen. Um die Ghettos verliefen Mauern und nachts wurden die Tore geschlossen. Oft wurden die jüdischen Ghettobewohner gezwungen, außerhalb des Ghettos bestimmte Kennzeichen zu tragen, die sie als Juden auswiesen. Die Ghettos wurden zum Gefängnis für ihre Bewohner, die zwangsweise dorthin umgesiedelt wurden, und sie wurden immer wieder zum Ziel von brutalen Angriffen und Plünderungen.

Die Ghettos, die die Deutschen in den im Zweiten Weltkrieg besetzten Gebieten errichteten, waren nicht als getrennte Wohngebiete für Juden geplant, sondern stellten ein Übergangsstadium dar im Verlauf der „Endlösung der Judenfrage". In den von den Nationalsozialisten errichteten Ghettos wurden die Juden wie in Lagern interniert, und die Organisation ihres Lebens im Ghetto wurde vom NS-Regime festgelegt. Das Ghetto in Łódź, Polens zweitgrößter Stadt, wurde am 30. April 1940 abgeriegelt. Zu der Zeit lebten dort 164 000 Juden. Die Besatzungsverwaltung verwendete nicht immer den Ausdruck Ghetto. Benutzt wurde er beispielsweise für das Ghetto in Łódź, dessen offizieller Name Ghetto Litzmannstadt lautete. In Warschau, Krakau und in anderen Orten nannte man das Ghetto den „Jüdischen Wohnbezirk". Das Ghetto in Łódź war von einem Zaun aus Stacheldraht und Holz und stellenweise einer Ziegelmauer hermetisch abgeschlossen, auf beiden Seiten dieser Trennlinie standen Wachposten. Nichtjuden gelangten nur mit Sondergenehmigung hinein, Juden durften es nicht mehr verlassen. Einige Forscher sind der Ansicht, es sei geplant gewesen, die Juden in den Ghettos durch den Entzug von Lebensmitteln zu töten. Die Lebensbedingungen in den beiden großen Ghettos Łódź und Warschau scheinen diese These zu bestätigen. Das Ghetto Łódź wurde im Sommer 1944 als letztes aufgelöst. Die meisten Bewohner der Ghettos wurden in Vernichtungslagern ermordet, nur ein kleiner Teil kam in der Endphase des Kriegs in Konzentrations- und Arbeitslager.

Quellen: Stichwort „Ghetto" in: Wikipedia, die freie Enzyklopädie, aufgerufen am 1.7.2008, sowie in: Enzyklopädie des Holocaust. Die Verfolgung und Ermordung der europäischen Juden, Berlin 1993, Band I, S. 535-539. – Speziell zum Ghetto Łódź: „Unser einziger Weg ist Arbeit": das Ghetto in Łódź, 1940-1944; eine Ausstellung des Jüdischen Museums Frankfurt am Main in Zusammenarbeit mit Yad Vashem, Wien 1990; Fotoamator / Der Fotograf, Dokumentarfilm von Dariusz Jablonski, 1998 sowie Andrea Löw, Juden im Ghetto Litzmannstadt. Lebensbedingungen, Selbstwahrnehmung, Verhalten, Göttingen 2006.

Im Ghetto Łódź

Das Ghetto wurde im armseligsten Teil der Stadt eingerichtet.

Es war in Baluty, einer ärmlichen Vorstand in der Nähe eines Friedhofes. Dieser Ort war für die Juden bestimmt. Nur wenige katholische Polen reichten den jüdischen Polen eine helfende Hand. Die Antisemiten freuten sich sogar: „Die sind wir los!“ Was sie noch nicht wussten: Auch sie sollten bald an der Reihe sein. Die Deutschen mochten die Polen nicht besonders, obwohl die doch katholisch waren. Auch wenn sie nicht die den Juden vorbehaltene „Sonderbehandlung“ bekamen, wurden die Katholiken doch auch schlecht behandelt und Einschränkungen unterworfen und waren für die Zwangsarbeit bestimmt.

Einstweilen verweigerten die allermeisten von ihnen den Juden nicht nur jede Hilfe, sondern sie denunzierten sie und lieferten sie an die Deutschen aus. So sind auch fast alle, die sich zunächst hatten verstecken oder in Sicherheit bringen können, wieder gefasst worden. Der Kontrast zu den anderen besetzten Ländern ist im Übrigen offensichtlich. Manche, etwa Dänemark, haben sich geweigert, die Juden zu registrieren. Andere, zum Beispiel Frankreich, haben ihnen in vielen Fällen geholfen. Nur Polen hat den traurigen Vorzug, derart intensiv mit den Deutschen bei der Vernichtung der Juden zusammengearbeitet zu haben. In keinem anderen Land der Welt ist der Prozentsatz der Überlebenden so verschwindend gering. Dabei fühlte ich mich vor dem Krieg doch so sehr als Polin! Ich träumte von Frankreich, aber Polen war mein Land. Heute würde ich das so nicht mehr sagen. Heute sage ich, Polen ist das Land meiner ersten Geburt.

Das Ghetto ist mit Stacheldraht eingezäunt. Jedem stehen ungefähr fünf Quadratmeter Wohnraum zu. Meine Mutter sucht nach der besten Lösung unter diesen schrecklichen Umständen. Sie findet ein Haus in der Zawisza-Straße 22 und erreicht es, dass die ganze Familie und einige Freunde dort einziehen können. So sind wir unter Vertrauten. In einem großen Zimmer richten sich Babcia, Tante Bela, Tante Pola, Danusia und Marek ein. Der ist ein Kerlchen von zwei Jahren, der Sohn von Onkel Natas und Tante Pola. In Zukunft werde ich oft auf ihn aufpassen. Wir drei, mein Vater, meine Mutter und ich, beziehen ein dunkles, kaltes kleines Zimmer von etwa vierzehn Quadratmetern, das nach Norden liegt. Einziger Trost: Das Fenster geht auf einen Garten. Ein Bett für meine Eltern, ein kleines Bett für mich, ein Tisch, ein Kohleofen und daneben ein Brett mit einer Kochplatte – das ist unsere neue Einrichtung!

All diese Möbel, sofern man sie so nennen kann, sind auf einem Karren hergebracht worden. Was den Rest betrifft, das Sofa, die Kredenz, die Tische und Stühle usw. und natürlich meinen schönen rosa Schreibtisch – das alles ist in unserer Wohnung geblieben. Das Zimmer meiner Eltern ist immer noch versiegelt, und wir erwähnen es nicht mehr. Es hätte in diesem Loch sowieso keinen Platz gehabt. Aber ich habe noch nicht von dem großen Schrank erzählt, der neben meinem Bett stand. Darin waren einige Sachen aufbewahrt, die meine Mutter vor der Beschlagnahme aus der Apotheke hatte mitbringen können. Also konnte ich mir fast den ganzen Krieg hindurch die Haare mit französischem Shampoo waschen. Was für ein Irrsinn!

Es fehlte uns an allem, nur nicht an Kosmetika. Natürlich wurden all diese Flakons und Schachteln eingetauscht, für Lebensmittel und Kohlen, nur Shampoo wollte niemand. Also blieben meine Haare schön glänzend. Ich weiß, dass einige Frauen ihre Diamanten gegen Brotlaibe tauschten. Ein Diamant war je nach Größe drei, fünf oder zehn runde Brotlaibe wert. Seit damals taucht jedes Mal, wenn ich einen Diamanten sehe, dahinter das Bild eines dicken runden Bauernbrotes mit Resten von weißem Mehl auf und schiebt sich in den Vordergrund. Nie mehr wird ein Diamant, sei er auch noch so schön, in meinen Augen mehr wert sein als ein Brot.

Bevor wir unsere frühere Wohnung für immer verließen, kamen zwei Leute zu meinen Eltern. Das waren Pani Mania, der meine Mutter viele Dinge anvertraut hatte, vor allem meine Puppe Shirley Temple, und ein Herr in ländlicher Kleidung. Er nahm die Kristallsachen mit und einige andere Wertgegenstände, darunter den Diamanten meiner Mutter. Sie dachte, nach dem Krieg würden wir diese Sachen zu Geld machen und ein neues Leben beginnen können.

Nichts von all dem werde ich jemals wieder sehen. Ach ja, Verzeihung, Frau Mania hat 1949, nach entschiedenem Drängen meinerseits, meinem Mann nicht die verlangte Puppe ausgehändigt, sondern ein Herzchen, das zwar keinen materiellen Wert hatte, in das ich aber die Fotos meiner Eltern gesteckt hatte. Das war alles, was ich wieder bekommen habe. Ich muss aber zugeben, dass ich auch nichts Besonderes unternommen habe, um weitere Gegenstände ausfindig zu machen. Die liebsten Menschen waren mir genommen worden, was zählten da noch Dinge...

Langsam organisierte sich das Leben im Ghetto Łódź. Die Deutschen ernannten den „Judenältesten" Chaim Rumkowski zum Präsidenten des Ghettos Litzmannstadt

(Łódź). [3] Seinerzeit habe ich diesen Mann heftig kritisiert. Im Alter von 70 Jahren hatte er eine junge Frau geheiratet. In der damaligen Situation erschien mir das absolut unziemlich. Im Übrigen gab es Leute, denen es an nichts fehlte, die zumindest im Warmen saßen und sich satt essen konnten. In einem eng begrenzten Kreis gab es Champagner und Seidenstrümpfe.

Dieser Kontrast zu den übrigen Bewohnern des Ghettos empörte mich damals zutiefst. Seither habe ich jedoch erfahren, dass Herr Rumkowski unter vergleichbaren Umständen weder der einzige noch der schlechteste Leiter war. Herr Rumkowski und seine Umgebung hatten es immerhin geschafft, ein Krankenhaus, eine Schule, eine Bibliothek und einen Konzertsaal einzurichten. Es gab auch eine Polizei. Vielleicht war sie ja zu etwas nutze, aber was für eine Plage! Die Polizisten waren unter den oft ungebildeten, aber sehr kräftigen Großmarktarbeitern ausgewählt worden und hielten eine rudimentäre Ordnung aufrecht. Sie waren es, die am Ende das Ghetto reinigen mussten. Einige Familien, etwa die von ein paar Ärzten, mussten sie begleiten, insgesamt 200 Personen, glaube ich. Sie blieben tatsächlich, und einige von ihnen haben sich bereichert, indem sie nach dem Abtransport aller Ghettobewohner alles aufsammelten, was einen gewissen Wert hatte. Danach haben sie sich versteckt und schafften es, die Ankunft der russischen Armee abzuwarten, die sie befreite.

---

3 Litzmannstadt: Am 8. September 1939 wurde Łódź von der deutschen Wehrmacht besetzt. Am 11. April 1940 wurde der Name Litzmannstadt eingeführt, dieser bezog sich auf den deutschen General Karl Litzmann, der Łódź im Ersten Weltkrieg erobert hatte.

Isabelles Schulklasse im Ghetto Łódź, 1940/41.
Soweit bekannt, haben außer Isabelle (3. Reihe, 3.v.r.) folgende Personen überlebt: Danusia Liebrach (4. Reihe, 3.v.r.), Malwinka Gerson (3. Reihe, 2.v.r.), Jozio Nadel (3. Reihe, 4.v.r.), Marysia Mazur (2. Reihe, 3.v.r.), Tusia Cygielberg (2. Reihe, 2.v.r.), Rutka Berlinska (2. Reihe, 2.v.l.), Jurek Halperin (vorn, 2.v.r.) und der Fotograf, Roman Freund.

Einstweilen meldete meine Mutter mich sofort in der Schule an. Ich sollte weiter lernen. Dank ihrer Beziehungen fand sie Arbeit in einem Lebensmittelgeschäft. Unsere Nahrungsmittel waren streng rationiert, aber meine Mutter genoss, wie das gesamte Personal dieser Läden, ein paar Vorteile. Von Zeit zu Zeit wurden ein Glas Konfitüre verteilt, etwas Mehl oder Kartoffeln. Das war jedes Mal ein Schatz, denn unsere normalen Tagesrationen hielten uns gerade so am Leben.

Jetzt lerne ich kochen. Na ja, etwas unüblich ist es schon. In Friedenszeiten habe ich nie die Möglichkeit gehabt, meine Rezepte auszuprobieren. Es hat ganz einfach nie jemand darum gebeten. Wenn man einen Kuchen backen will, nimmt man eine Schale Kaffeesatz (von Kaffee-Ersatz natürlich), den vermischt man mit einem Suppenlöffel Mehl und Zucker. Aus diesem Teig formt man kleine runde Kuchen und die backt man dann in der Pfanne, wenn möglich, mit etwas Fett. Das Hauptgericht besteht oft aus Kartoffelkuchen. Fleisch und vor allem Fisch essen wir nur selten. Wenn wir keine Kartoffeln mehr haben, nehmen wir stattdessen die Schalen, die wir auf dem Herd rösten. Fast nie essen wir ganze Kartoffeln, denn man kann die Menge um einiges strecken, wenn man die Kartoffeln reibt und mit etwas Mehl vermischt. Aber mein größter Genuss ist immer noch ein Stück Brot.

In dieser Zeit musste auch mein Vater arbeiten, obwohl er so schwach war. Seine Krankheit, vor allem aber die Sorgen und Entbehrungen sind für ihn eine schreckliche Prüfung.

Eines Tages schlossen sich die Tore des Ghettos. Stacheldraht umgab den Bereich, der für uns bestimmt war. Die kleinen Häuschen für die Wachposten standen an Ort und Stelle. Kurzum: Wir waren eingesperrt.

Ohne besondere Erlaubnis darf niemand aus dem Ghetto heraus oder hinein. Auch das Leben in unserem Haus nimmt langsam Struktur an. Oft versammeln wir uns am Abend, das fällt uns leicht, da wir alle einander kennen. Unter uns sind zwei sehr begabte Jungen. Einer ist ein talentierter Imitator und bringt uns zum Lachen, und der andere rührt uns mit seinem wunderbaren Gesang. Ab und zu bekommen wir Nachricht von draußen. Ich höre, dass in unserem Haus ein Radiosende- und Empfangsgerät versteckt ist, aber ich weiß nicht, wo. Aus Sicherheitsgründen ist das auch besser so. Der Besitz von so einem Ding wird mit dem Tod bestraft.

Der Apparat diente uns später dazu, die Ereignisse im Warschauer Ghetto mitzuverfolgen. Abgesehen von diesen Informationssplittern hatten wir keinerlei Kontakt mit der Außenwelt. Nur äußerst spärliche Nachrichten drangen zu uns durch.

Ich ging wieder zur Schule, aber diese hier hatte mit „Unserer Schule" nichts gemein, denn hier war der Unterricht ganz traditionell. Wir lernten Deutsch. So kamen meine ersten schlechten Noten zu Stande. Es war völlig klar, denn ich reagierte allergisch auf die deutsche Sprache. Wir hatten auch Hebräisch-Stunden. Am ersten Tag hatten zwei Jungen darum gerauft, wer neben mir sitzen durfte, aber das Gelächter ihrer Kameraden reichte aus, dass sie sich verdrückten. Ein für alle Mal schlossen sie sich dem Clan der Männer an. Die Schule interessierte mich viel weniger als früher. Die Ereignisse draußen, die Krankheit meines Vaters, seine Erschöpfung und die Entbehrungen – all das lenkte mich vom Lernen ab.

Trotzdem lernte ich gern etwas Neues. Hebräisch interessierte mich sehr, eine so altehrwürdige und mit der Geschichte eng verbundene Sprache. Sie half mir auch, mich gegen die Verachtung zu wehren, die meine fehlende Kenntnis des Jiddischen hervorrief. Jedes Mal, wenn ich vor einem Lebensmittelgeschäft Schlange stand, stellte man mir Fragen in einer Sprache, die ich nicht verstand. Da schlug mir dann eine Verachtung entgegen, die schon an Beleidigung grenzte: „Seht Euch nur dieses vornehme Fräulein an, sie spricht ausschließlich Polnisch." Genau so verächtlich konterte ich dann: „Und Ihr sprecht nicht Hebräisch, dabei ist das sogar die Muttersprache der Juden." Trotzdem hätte ich Jiddisch können sollen.

Diese Sprache hat ihre ganz eigene und unverwechselbare Geschichte, ihre Literatur und ihre Redewendungen. Einige davon sind übrigens in die New Yorker Umgangssprache eingegangen. Inzwischen habe ich einige Grundkenntnisse erworben. Auf Jiddisch kann mich niemand mehr „über den Tisch ziehen". Mein Widerwille resultierte auch aus dem Umstand, dass das Jiddische doch allzu sehr dem Deutschen ähnelte.

Deutschunterricht haben wir jeden Tag. Die Redewendungen, die man uns in der Schule beibringt, haben mit denen der deutschen Soldaten nichts zu tun. In der Schule gibt es die Liedfassung eines Goethe-Gedichtes: Röslein, Röslein, Röslein rot, Röslein auf der Heide. Wenn ich das Gedicht heute höre, wird mir klar, warum gerade dieses sich mir so tief eingeprägt hat. Es geht um eine kleine rote Rose, die auf einem Feld blüht und von einem bösen Jungen gebrochen wird. Ich hatte mein Leben wohl mit dieser Rose identifiziert.

In der Zwischenzeit lernte ich im alltäglichen Leben: *„Schnell, schnell"*, *„Los, verfluchter Jude!"*[4] Es ging so weit, dass ich den ganzen Krieg hindurch ausschließlich Aus-

4 Kursive Zitate im Original deutsch.

drücke hörte, die uns antrieben oder beleidigten. Trotz aller Sorgen und der Überfälle der Deutschen im Ghetto konnte ich mich aber mit meinen Freunden treffen.

Ich verliebe mich. „Er“ sieht aus wie ein Gott: eine blonde Mähne und blaue Augen, die an das Meer an einem sonnigen Tag erinnern. Er ist nicht sehr groß, aber schon recht muskulös. Angesichts seines engelhaften Aussehens fallen die jungen wie die weniger jungen Frauen schier in Verzückung.

Zum ersten Mal zieht ein Junge, der mir gefällt, eine andere vor. Na ja, es sind die allerersten Anfänge unserer Flirts mit den Jungen. Sarenka ist groß und blond, sie hat lange Zöpfe und runde Wangen von gesunder Farbe. Ihre kleinen blaugrauen Augen lachen immerzu. Sie scheint sehr mit sich zufrieden zu sein. Ihre Rundlichkeit lässt auf privilegierte Lebensbedingungen schließen. Ich dagegen bin groß, aber sehr schlank, mit einem kantigen Gesicht und großen blauen Augen, die Hoffnung ausdrücken, aber auch Traurigkeit und Angst – wie könnte ich da mit diesem fröhlichen und lustigen Mädchen konkurrieren! Meine Freundinnen und ich haben sowieso ausgemacht, dass man erst mit achtzehn einen richtigen Freund haben sollte. Im Lauf der Zeit und angesichts der Ereignisse haben wir diesen Gedanken revidiert. Wie soll man auf seinen achtzehnten Geburtstag warten, wenn man vielleicht gar nicht so alt wird...

Um mich auf andere Gedanken zu bringen, ging meine Mutter manchmal mit mir ins Konzert. Ich erinnere mich an ein großes Orchester, das klassische Musik spielte. Außerdem las ich viel, meine eigenen Bücher und welche aus der Bibliothek. Sie entführten mich in eine Welt, die manchmal traurig war, aber nie so tragisch wie meine eigene.

Die Zeit verging und es gab einen neuen Vorfall. Ein großer Junge mit kastanienbraunem Haar und grauen Augen kam in unsere Klasse. Ich sage „groß“, aber er war nur älter als wir. Er machte einen Riesenrabatz: „Ich bin kein Jude, ich will nicht hier bleiben, ich bin Deutscher.“ Wie ich dann erfuhr, hatte man herausgefunden, dass seine Großmutter Jüdin war, und ihn ins Ghetto gebracht. Anscheinend war er sogar in der „Hitlerjugend“ gewesen. Ich hatte keine Gelegenheit, das nachzuprüfen, aber seinen Liedern und dem Marschieren im Gleichschritt nach zu urteilen, das er uns beibrachte, halte ich es durchaus für möglich.

Einige Zeit später trafen Neuankömmlinge in unserem Haus ein. Nach dem Überfall der Deutschen auf Russland am 22. Juni 1941 wurden alle russischen Bürger als Feinde betrachtet. Damals wurden die Juden mit russischer Staatsangehörigkeit auch in Ghettos interniert.

Zu uns kam Anka, eine schmächtige kleine Frau, mit ihren beiden Kindern, dem Sohn Fredek und der Tochter Luiza, die achtzehn und einundzwanzig Jahre alt waren. Sobald meine Mutter herausgefunden hatte, dass Fredek französisch sprach, meldete sie sich als erste Schülerin bei ihm an. Meine Mutter hegte ihren alten Traum. Ich sollte zum Schulabschluss nach Frankreich gehen, nach Paris, und dort an der Universität studieren. Im Februar 1946 kam ich tatsächlich nach Paris, aber unter welchen Umständen und nach welchen Schicksalsschlägen!

In der Zwischenzeit hatten die Deutschen bemerkt, dass die Juden sich weiterhin bildeten und dass die Kinder zur Schule gingen. Mit einem Schlag machten sie allem ein Ende. Die Kinder, also auch ich, mussten arbeiten gehen. Von Konzerten war keine Rede mehr, und in der Bibliothek gab es nur noch gewisse Bücher, die dem Faschismus gegenüber als nicht ablehnend galten und als nicht „dekadent“.

Wie immer informierte sich meine Mutter ganz genau, und so kam ich in eine Hutmacherwerkstatt. Ich wurde nach Stück bezahlt und war nach kurzer Zeit ziemlich flink. So verdiente ich ein bisschen Geld. Ich flocht unendlich viel Stroh und dann Bänder. Später kam ich in eine Gruppe von Modistinnen und lernte Hüte zu formen. Wir wurden mit „Affengeld“ bezahlt, in Litzmannstadt-Mark, einer Währung, die nur innerhalb des Ghettos in Umlauf war.

Später, als ich erfahrener und älter war, wurde ich befördert. Ich war für die Verteilung von Kurzwaren für die Werkstätten zuständig. Neben dieser Arbeit hütete ich meinen kleinen Cousin Marek, den ich sehr liebte. Er war ein niedliches blondes Baby und lachte ständig. Er war zwei Jahre alt und der Sohn von Tante Pola und Onkel Natas, meinem Lieblingsonkel. Tante Pola brachte uns immer Lebertran, denn sie arbeitete in der Apotheke. Ein ekelhaftes Zeugs, aber es enthielt offenbar Vitamine, und die brauchten wir dringend.

Meine Cousine Sabine, die viel älter war als ich, hatte den Einfall, eine Vorschule zu eröffnen, na ja, keine richtige Schule, das war ja verboten, aber sie hütete die Kleinkinder und kümmerte sich bewundernswert um sie. Sabine schlug mir vor, Rhythmischen Tanz zu unterrichten und so mein Einkommen aufzubessern. Die Arbeit mit all den Winzlingen machte mir richtig Spaß.

Eines Tages nimmt Sabine mich mit zu ihren kranken Eltern, und der Anblick lässt mich lange nicht wieder los. Der Raum ist dunkel und kalt. Sabines Eltern liegen in einem Doppelbett. Über ihnen hängen mehrere Regenschirme, damit das Wasser, das von der Decke tropft, nicht direkt ins Bett läuft. Zwei fahle abgemagerte Lebewesen, die sich kaum rühren. Ein albtraumhafter surrealer Anblick. Weder Sabine noch ihr jüngerer Bruder Gutek können noch mehr für ihre Eltern tun. Es ist übrigens das letzte Mal, dass ich sie sehe. Sabines Vater war Karrieresoldat, aber gerade vor dem Krieg hatte er stark zugenommen. Er wog an die hundert Kilo, und dabei war er nicht sehr groß. Im Ghetto hat er mehr als fünfzig Kilo abgenommen. Der Hunger trieb ihn buchstäblich in den Wahnsinn. In solchen Anfällen soll er seine eigenen Finger angenagt haben, aber ich hoffe, dass das nicht wahr ist. Im Ghetto Łódź gibt es ziemlich wenige kräftige junge Männer. Im Ghetto wohnen hauptsächlich Frauen, alte Leute und Kinder. Nach jener berüchtigten Nacht, in der die Männer Łódź verlassen haben, hatte man sogar Ärzte für die Ghettobevölkerung suchen müssen.

Alle Leute arbeiteten, die Kinder ab zwölf Jahren und die Erwachsenen bis zu einem sehr hohen Alter. Auf jeden Fall hatten wir selbst ein Interesse daran, zu arbeiten, denn die Deutschen duldeten keine Nichtstuer. Systematisch drangen sie ins Ghetto ein und durchkämmten einen Teil nach dem anderen. Unter dem Vorwand, sie würden außerhalb des Ghettos besser versorgt, entführten sie Kinder, Kranke und Greise. Die Propaganda sollte uns ständig in Sicherheit wiegen.

Damals wurde Babcia krank und starb. Zum ersten Mal ging ich auf den Friedhof. Ich war nicht mehr zu klein, um dem Tod in die Augen zu sehen. Ich war tief traurig. Wieder war ein Kapitel meines Lebens zu Ende.

Eines Tages wache ich vor Fieber glühend auf. Meine Mutter diagnostiziert eine Diphtherie. Diese Krankheit muss mit viel Wärme geheilt werden. Ich werde ins große

Zimmer gebracht, das als einziges noch ein wenig geheizt wird. Niemand darf in meine Nähe kommen, denn die Krankheit ist ansteckend und ziemlich schwer. Binnen einiger Wochen werde ich gesund, und das Leben nimmt wieder seinen normalen Lauf.

Meine Schulkameraden von früher sah ich kaum noch. Marysia und ihre Eltern lebten in einer beheizten Wohnung und hatten zusätzliche Lebensmittelrationen. Das einzige Mal, als ich sie besuchte, hatte ich mich nicht wohl gefühlt – wozu also... Jedenfalls hatte ich andere Sorgen.

Die Deutschen „besuchten" das Ghetto noch immer und entführten systematisch die Menschen, die nicht arbeiten konnten. Einmal mussten wir uns verstecken, denn meine Mutter hatte große Angst um mich.

Tatsächlich wachte ich eines Morgens auf und war ganz gelb, es war ein intensives Gelb, und sogar das Weiße meiner Augen war nicht mehr weiß. Meine Mutter erklärte sofort, es sei Gelbsucht, eine nicht sehr schlimme und auch nicht ansteckende Krankheit, aber dennoch – welches Aufsehen erregte sie! Meine Eltern beschlossen also, dieses Schauspiel dürfe den Deutschen auf gar keinen Fall geboten werden. Durch das Gangsystem der Hinterhöfe, das bei unmittelbarer Gefahr die Flucht ermöglichte, retteten wir uns aus dem Haus. Selbstverständlich waren wir immer noch im Ghetto, aber in einem anderen Teil. Am Abend, als die Deutschen wieder weg waren, kehrten wir in unser Haus zurück.

Meine Gelbsucht verschwand wie sie gekommen war. Eine Weile verging ohne größere Zwischenfälle, außer dass ich erfuhr, dass Tante Bela eine Lungenkrankheit bekommen hatte. Was konnten wir in unserer Situation tun?

Wenn sie weiterhin hungern und frieren müsste, würden auch Medikamente sie nicht heilen können.

Ich habe wieder Fieber und diesmal ist es ernster. Der Arzt untersucht mich sorgfältig, nimmt meine Hand und betrachtet mich stumm. Fragend sehe ich ihn an. Rasch und wie um sich von einer Last zu befreien, sagt er: „Es ist Typhus." Ich lächle, denn ich habe noch nie von dieser Krankheit gehört, und der Name macht mir keine Angst. Ich bin mir der Gefahr nicht bewusst. Ohne Medikamente und angemessene Ernährung ist diese Krankheit tödlich. Meine Mutter weiß das sehr wohl, aber sie sagt natürlich kein Wort. Der Arzt verordnet strenge Diät. Zwei Tage lang darf ich nur reinen Kaffee und Kakao trinken, später soll ich ein paar Kekse, Reis, Kartoffeln und noch später ein Ei bekommen. Er schreibt das alles auf, aber ich begreife nicht, wie meine Mutter all diese Lebensmittel auftreiben soll. Der Arzt verspricht, jeden Tag wiederzukommen, bis die Krise überstanden ist. Das ist dann die Entscheidung über Ja und Nein, über Leben und Tod, aber ich bemerke gar nichts.

Seit mehr als zwei Jahren habe ich weder Kaffee noch Eier noch sonst etwas zu sehen bekommen. Es geht mir inzwischen sehr schlecht und das Fieber macht mich unruhig. Ich versuche zu lesen, aber der Kopf ist nicht dabei. Meine Mutter geht aus dem Haus und kommt – oh Wunder! – mit dem Kaffee und dem Kakao zurück und später bringt sie mir sogar noch ein Ei. In der Folgezeit erfahre ich, dass die Familie meines Vaters zu meinen Gunsten auf das Rote-Kreuz-Paket verzichtet hat. Der Bruder meines Vaters hat aus Paris einige Pakete geschickt, die bis ins Ghetto gelangt sind. Anfangs ließen die Deutschen eine Zeit lang die Pakete durch, die vom Roten Kreuz gebracht wurden. Danach kam nichts mehr ins Ghetto hinein.

Minutiös befolgten wir die Vorschriften des Arztes. Trotzdem fühlte ich mich immer noch schwach, und das Fieber hielt an. Meine Mutter hatte keinerlei Medikamente, um mir zu helfen, und das französische Haarshampoo nützte mir auch nichts. Nach der berüchtigten Krisis ging es mir eindeutig besser. Das Fieber war gesunken. Ich hatte Lust aufzustehen und das Leben erschien mir wieder möglich. Als meine Eltern einmal nicht da waren, überfiel mich plötzlich der Hunger, und ich aß ein großes Stück rohe Steckrübe. Das war absolut verboten, ich hätte einen Rückfall erleiden können. Aber es passierte nichts, und ich wurde rasch wieder gesund.

Ich kehrte an die Arbeit zurück und die Tage des Wartens gingen weiter. Das Warten auf Nachrichten von draußen war unsere einzige Hoffnung. Frankreich, das Leuchtfeuer des Universums, hatte längst kapituliert, aber die Engländer und die Russen leisteten Widerstand.

Mein Vater wurde immer kränker. Er hatte zwar ein Rote-Kreuz-Paket mit ein paar Medikamenten bekommen, aber dennoch verfiel er zusehends. Sein Teint war gelblich geworden, und seine hervortretenden blauen Augen und seine Magerkeit waren erschreckend. Einige wenige zusätzliche Lebensmittel, die meine Mutter hatte besorgen können, reichten nicht aus. Wir alle hatten großen Hunger. Mein Vater vermochte diese Lebensbedingungen nicht auszuhalten, zumal wir keine Heizung hatten. Der Winter war bitter kalt. Jeden Tag mussten wir das Eis in einem Eimer aufschlagen, damit wir uns waschen und Tee oder vielmehr einen Tee-Ersatz kochen konnten.

Als ich eines Abends von der Arbeit komme, finde ich meine Mutter über das Bett meines Vaters gebeugt. Er ist in eine Art Koma gefallen. Sofort schickt mich meine Mutter los, um Spritzen aus der Apotheke zu holen. Leider können diese Spritzen ihn nicht heilen, sie erhalten ihn nur ein wenig länger am Leben. Völlig panisch renne ich los und habe tatsächlich das Glück, die so sehnlich erwarteten Spritzen zu bekommen. Es geht meinem Vater ein bisschen besser. Nachts höre ich meine Eltern flüstern: „Sie ist ziemlich groß und ziemlich stark und intelligent. Sie wird es überstehen." Mir kommen die Tränen, aber Erschöpfung und Schlaf sind stärker.

Noch ein Tag vergeht, und am Abend stirbt mein Vater. Ich habe keine Kraft zum Weinen und lese die ganze Nacht. Ich habe keinen Vater mehr, ich friere, ich habe Hunger – so ziehe ich mich in die Welt der Bücher zurück. Ich verschlinge alles, was die Träger des Literatur-Nobelpreises geschrieben haben. Das ist mein einziger Trost, meine Nahrung. Ich habe sehr bald bemerkt, dass ein Stück Brot ein paar Minuten sättigt, aber ein Buch mehrere Stunden. So ziehe ich die Bücher vor.

Ich flüchte, ich verlasse diese allzu entsetzliche Welt. Der Kummer meiner Mutter ist furchtbar. Sie macht sich Vorwürfe, meinem Vater gegenüber nicht liebevoll genug gewesen zu sein. Aber was hätte sie denn noch tun können? Ich tröste sie und wir halten einander in einer langen Umarmung. Es ist Ende Februar 1942.

Alles nahm wieder seinen früheren Lauf, außer dass jetzt nur noch meine Mutter in dem großen Bett lag. Am Anfang des Krieges hatte ich noch geweint, aber inmitten des gegenwärtigen Elends fand ich keine Tränen. Ich flüchtete ins Vergessen, das war die einzige Lösung, die ich fand, um nicht zu verzweifeln.

Eine neue Ablenkung tauchte auf. Die Jungen interessierten sich mehr und mehr für mich, aber da ich noch so jung war, trauten sie sich nicht an mich heran. Ich begann mich mit den Großen zwischen 18 und 21 Jahren zu treffen. Ich entfernte mich etwas von meiner Mutter, da es mir wichtiger war, mit meinen Freunden auszugehen. In einem Laden in der Nähe unseres Hauses arbeitete ein Mann, der sich für Don Juan hielt. Stimmt, er war groß und dunkelhaarig. Er hatte ein schönes Gesicht mit leicht gebräuntem Teint und große schwarze Augen. Allen Mädchen, die ihm gefielen, machte er den Hof. Für einen Kuss bot er einen Topf Konfitüre, und es funktionierte.

Eines Tages unterhalte ich mich gerade mit ihm, und er hat den berühmten Topf Konfitüre in der Hand. Unmittelbar nach einem Kuss knallt eine Ohrfeige, meine Hand hat ganz von allein zugeschlagen. Der Topf steht jetzt auf der Erde, und der Gesichtsausdruck des Mannes ist unbeschreiblich. Mein geschrumpfter kleiner Magen hat meine Ehre gerettet, denn ich leide nicht allzu großen Hunger. Er ist da, aber er macht sich nicht allzu grausam bemerkbar.

Im Lauf des Jahres wurde Onkel Natas von frenetischer Begeisterung erfasst. Die Amerikaner waren in den Krieg eingetreten und würden kommen. Sie waren so stark, dass es nicht mehr lange dauern konnte. Wir müssten also Englisch lernen. Allen, die Interesse hatten, gab er Unterricht, Intensivstunden, denn wir müssten rasch vorankommen. Selbstverständlich war ich dabei. Leider wurde uns nach kurzer Zeit klar, dass die Amerikaner uns doch nicht ganz so bald würden befreien kommen.

Noch ein Jahr verging, und wir erfuhren, dass die russische Front heranrückte, eine neue Quelle der Beunruhigung. Ich verkehrte in Kreisen von Leuten, die sehr viel älter waren als ich. Wir benahmen uns, als ginge die Welt am nächsten Tag unter. Die Jungen begannen sich auf einen Widerstand gegen die Deutschen vorzubereiten.

Wegen meines jugendlichen Alters wollten sie mich bei den Vorbereitungen immer noch nicht mitmachen lassen, dabei war ich doch schon fünfzehn!

Das Empfangs- und Sendegerät in unserem Haus übermittelte uns Nachrichten aus dem Warschauer Ghetto. Der Aufstand wurde vorbereitet, er stand unmittelbar bevor. Es war vereinbart, dass wir im Falle eines Erfolges oder doch wenigstens einer Chance, so winzig sie auch sei, ebenfalls einen Aufstand machen würden.

Leider waren die Neuigkeiten aber sehr schlecht, niederschmetternd! Das Warschauer Ghetto war gefallen. Es gab nur sehr wenige Überlebende. Also ersannen die potentiellen jungen Widerstandskämpfer für das Ghetto Łódź eine andere Strategie. Sie war sehr viel weniger heldenhaft, aber sie bot mehr Menschen eine Überlebenschance. Ich hätte so gern handeln mögen. Aber für das Ghetto Łódź interessierte sich niemand.

Über wie viele Kämpfer würden wir verfügen können? Über welche Waffen? Zugegeben, ich wusste absolut nichts darüber. Ich wusste nur, dass der Fall des Warschauer Ghettos sämtliche Pläne über den Haufen geworfen hatte. In der Zwischenzeit war auf den Plakaten an den Ghettomauern eine neue Variante deutscher Propaganda aufgetaucht: „Sie müssen zum Bahnhof gehen, denn Sie sollen zum Arbeitseinsatz nach Deutschland geschickt werden. Sie bleiben als Familie zusammen und sind in Sicherheit." Die erste Reaktion meiner Mutter war: „Wir verstecken uns." Natürlich trauten wir der deutschen Propaganda immer weniger.

Meine Mutter möchte vor Ort bleiben. Sie hat mir sogar den Platz gezeigt, einen Keller mit sehr kompliziertem Zugang über eine Treppe, die hinten in einem Schrank endet, und dieser steht in einem sehr dunklen Flur. Der Flur gehört zu einem Haus mit mehreren Eingängen. Wie werden wir uns einen Vorrat an Nahrungsmitteln und Wasser beschaffen können? Wer würde uns helfen? Weil ich so große Angst habe, verstecken wir uns schließlich näher bei unserem Haus, in einem Haufen Kohlen.

Jeden Morgen kamen die Lastwagen voll deutscher Soldaten und durchkämmten ein Viertel nach dem anderen, und diesmal nahmen sie alle Menschen mit. Noch am selben Tag fuhren die Züge vom Bahnhof ab. Abends verließen wir unser Versteck, ganz schwarz und steif.

Daher beschließt meine Mutter, ein anderes Versteck zu suchen. Wir schlüpfen in eine Art Verschlag unter dem Fußboden des größten Raumes in einem Haus. In diesem Loch sind wir zu dritt. Eine Nachbarin deckt wieder den Teppich darüber und rückt den Tisch darauf, damit die Falltür nicht zu sehen ist. Nach einigen Stunden hören wir Stiefeltritte und das Stampfen von Gewehrkolben, die den Boden absuchen. Die Deutschen finden unser Versteck und treiben uns mit Kolbenhieben heraus. *„Raus, raus"*, brüllen sie. Als wir auf der Straße ankommen, stößt man uns in eine Straßenbahn, die uns am Bahnhof ablädt.

Auf dem Bahnsteig warteten schon Hunderte, ja Tausende von Leuten. Wir sahen, wie ein Güterzug ankam, Viehwaggons, darin wurden wir eingepfercht. Inmitten einer Menschenmenge niedergelassen – wenn man es so nennen darf – entdeckte meine Mutter Bekannte. Wir versuchten uns zu organisieren. Es konnten nicht alle zur selben Zeit auf dem Boden sitzen. Also entstand eine Art Reihenfolge. Diesem System entsprechend zogen wir uns auch abwechselnd zur Luke hinauf, der einzigen Luftzufuhr. Die wenigen Männer versuchten den Frauen und Kindern Hilfe zu leisten.

Alle gaben auf die alten Leute und die ganz kleinen Kinder Acht. Das waren aber nur sehr wenige, denn nach den Selektionen im Ghetto sind nur wenige übrig geblieben. In der ganzen Länge meiner fünfzehn Jahre wirkte ich ein gutes Stück älter. Das sollte mich übrigens des Öfteren retten. Einstweilen wurde die Luft immer stickiger. Ich hockte in einer Ecke, und meine Beine taten mir weh, weil ich sie nie ausstrecken konnte. Aber aufzustehen oder sich wieder hinzusetzen grenzte an Akrobatik. Meine Mutter hielt meinen Rucksack umklammert, unser einziges Gepäck. Später erfuhr ich, dass sie zusammen mit unseren letzten „Schätzen" auch meine Schulzeugnisse eingepackt hatte. Man kann nie wissen. Sollte es eine Schule geben, wären die Zeugnisse enorm wichtig. Im Augenblick fehlte es uns aber am Allernötigsten: an Luft, Wasser und Essen.

Ankunft in Auschwitz

Endlich hält der Zug, wir hören Stimmen, die Tür unseres Waggons wird aufgezogen, und unter *„Raus!"*-Rufen werden wir auf den Bahnsteig getrieben, dort wird Wasser ausgeteilt. Man lässt uns kaum ein paar Minuten Zeit, da fährt der Zug schon wieder weiter. Unendlich lange Stunden vergehen. Wir sind erschöpft, aschfahl. Schließlich bleiben die Waggons endgültig stehen. Alle Türen gehen auf, wir klettern hinaus und gehen an einem langen Gleis entlang. Ich gehe neben meiner Mutter, und wir erblicken einen mit Stacheldraht umzäunten Bereich. Drinnen „defilieren" verstört aussehende Wesen mit kahl geschorenen Köpfen und in seltsamer Kleidung mit breiten weißen Streifen.

Die Wachen beruhigen uns. Ein Gerücht geht um: „In diesem Lager sind Irre eingesperrt". Wir gehen an den Gleisen entlang und erblicken Männer, die damit beschäftigt sind, die Gleise zu reinigen und in Stand zu halten. Plötzlich kommt einer von ihnen auf mich zu, und wie er neben mir hergeht, murmelt er ganz leise: „Pass auf, Mädelchen, am Ende des Zuges gibt es eine Selektion, links ist Leben, rechts ist Tod. Also pass auf und versuch unbedingt nach links zu kommen." Angsterfüllt sehe ich ihn an. „Und meine Mutter?" Der Mann betrachtet sie – in der letzten Zeit haben sich die Haare meiner Mutter seltsam weiß gefärbt. Stumm schüttelt er den Kopf und geht rasch weg.

Mit einem Schlag wird mir klar, dass ich die einzige bin, die weiß, was uns erwartet. Meine Gedanken überschlagen sich. Wie kann ich es den anderen mitteilen, ohne zu schreien und Panik auszulösen? Mir fällt nichts Besseres ein als immer wieder wie besessen vor mich hin zu murmeln: „Geht nach links, geht nach links". Ich bleibe nicht mehr stehen. Unaufhörlich wiederhole ich diese Worte und schreite schnell aus, um so viele wie möglich zu informieren.

Ohne auch nur einen Moment stehen zu bleiben, ziehe ich meine Mutter mit mir. Nach einiger Zeit wird aus meinen Sätzen ein Schluchzen, aber ich versuche es zu unterdrücken, damit meine Worte verständlich bleiben. Ich hoffe, die Leute haben mich nicht für verrückt gehalten.

Die Menge treibt uns weiter, und wir kommen vor der „Jury" an. Zwei Männer und eine Frau halten mich an, betrachten mich und schubsen mich nach links. Jetzt ist meine Mutter dran, und der Augenblick erscheint mir endlos. Sie zögern sichtlich, aber zum Glück drängt die Menge von hinten immer dichter nach. Ich springe nach vorn, ziehe meine Mutter an der Hand zu mir, und wir laufen weg, dem Leben entgegen.

Tatsächlich gab es zwei Selektionen, eine um die arbeitsfähigen Menschen auszusortieren und eine um Männer und Frauen zu trennen. Ich denke lieber nicht an die Jungen, die von ihren Müttern getrennt worden sind und schon gar nicht an die Mütter, die ihre Kinder verloren haben.

In diesem Augenblick kommen wir auf einem großen Platz an. In der Ferne sehen wir eine Fata Morgana, ein wunderbares Glitzern von Wasser. Alle stürzen sich auf die Männer, die die Wasserbehälter tragen, und in diesem Augenblick erleide ich den ersten Schock in einer Menschenmasse. So sehr ich mich auch bemühe, an diesen Schatz heranzukommen, bin ich doch nicht kräftig genug, um gegenzuhalten. Ich werde herumgestoßen und geschlagen und räume sehr bald das Feld. Von weitem sehe ich, wie die kostbare Flüssigkeit sich auf den Boden ergießt.

Der Andrang der Menge erlaubte es niemandem, sich auch nur die Lippen zu benetzen. Aus diesem Vorfall habe ich eine Lehre gezogen, die meinem Gedächtnis auf ewige Zeiten eingeprägt bleiben wird und die mein Verhalten in allen ähnlichen späteren Situationen bestimmt hat: Niemals der Bewegung einer Menschenmenge zu folgen, sich niemals in ihrer Mitte herumzuschlagen.

Nach diesem Zwischenfall werden wir zu einer riesigen Baracke gebracht. Ich betrete einen Raum und bleibe reglos auf der Schwelle stehen, so unwirklich ist das „Bild“, das sich mir bietet. Eine Ansammlung von Frauen, alle nackt und kahl rasiert, mit verstörten Augen. Zwei Soldaten, die in der Mitte dieser Gruppe stehen, entstammen einer anderen Welt. Man befiehlt mir, mich ebenfalls auszuziehen. Da zeigt einer der Soldaten mit dem Finger auf mich und sagt zu seinem Kumpel: „Guck mal, die schönen Brüste.“ Das sollte für lange Zeit die einzige Bemerkung sein, die ich bezüglich meines Körperbaus zu hören bekam. Mit kahl geschorenem Kopf habe ich in exakt diesem Augenblick aufgehört, als ein menschliches Wesen zu existieren.

Ich brauche kein französisches Haarshampoo mehr. Meine Mutter und ich, wir werden beide von zig Menschen herumgeschubst, immer noch nackt, in Richtung von Gemeinschaftsduschen, und am Ausgang gibt man uns Kleidung: ein Unterhemd, eine Unterhose, ein gestreiftes Kleid, einen Stern und ein Paar Holzschuhe. Als wir angekleidet sind, spielen wir selbst „ die Verrückten“. Nach dieser Metamorphose erkenne ich meine Mutter kaum wieder. Was mich selbst betrifft, sehe ich mich lieber nicht. Die Gefahr besteht auch gar nicht, denn die „Regisseure“ haben vergessen, Spiegel aufzustellen. Ich habe keine Gelegenheit, bei meinem eigenen Anblick zu erschrecken.

Unser Gepäck und unsere Kleidung sind sicher beschlagnahmt, also auch alle Erinnerungsstücke aus der anderen Welt. Ich bin in letzter Zeit sehr erwachsen geworden, und man schätzt mich oft auf 18 oder 19. Meine Mutter dagegen ist vorzeitig gealtert. Sie hat viele weiße Haare (na ja, jetzt hat sie nicht mehr), und tiefe Falten haben sich in ihr Gesicht gegraben.

Später waren wir wieder alle draußen und verbrachten die Nacht unter freiem Himmel. Wir lagen auf der blanken Erde, eng aneinander geschmiegt konnten wir uns wärmen und unsere Muskeln etwas geschmeidiger machen. Am nächsten Tag wurden wir auf verschiedene Blocks aufgeteilt und erfuhren, dass wir in einem Konzentrationslager namens Auschwitz waren. Es war August 1944, die Tage waren zum Glück warm, aber nachts war es doch ziemlich kalt. Jeden Tag kamen neue Transporte an. Je näher die Front heranrückte, wurden Juden, Zigeuner[5] und Angehörige unterschiedlicher Widerstandsgruppen in Auschwitz versammelt. Die Tätowierstation war überfüllt, und uns wurde keine „schöne blaue Nummer“ auf dem Unterarm mehr zugestanden. Frauen, die schon länger als Häftlinge da waren, geizten mit den Informationen, die sie uns gaben. Jede bemühte sich, das Geheimnis zu wahren, und so schafften sie es, ihr alltägliches Dasein zu verschönern.

Wir erfuhren, dass es Kommandos gab, die außerhalb des Lagers arbeiteten. Davon träumten alle Häftlinge. An Ort und Stelle war es fast unmöglich, sich etwas zusätzliche Nahrung zu verschaffen, und unsere Tagesrationen reichten nur so eben aus, dass wir nicht verhungerten.

---

5 Im Original *tsiganes*, im Französischen hat das Wort keine pejorative Bedeutung.

Alltag in Auschwitz

Ich gehe aus der Baracke hinaus und sehe etwa 100 Meter weiter eine Ansammlung von Menschen. Ich gehe hin und sehe zwei Leute, die Steigen mit Kohlköpfen transportieren. Alle wollen einen ergattern. Hände greifen nach den Blättern, andere entreißen sie ihnen, und diejenigen, die noch weiter weg sind, versuchen näher heran zu kommen. Kurzum, aus der Rangelei wird eine Massenschlägerei. Meiner Überzeugung treu, habe ich die Szene von weitem beobachtet. Schließlich sehe ich, wie die Kohlblätter durch die Luft fliegen und es doch niemandem gelingt, sie aufzufangen. Ich fühle mich in meiner Haltung bestätigt und bin sicher, dass ich dabei bleiben sollte.

Damit die Anzahl der Häftlinge überprüft werden kann, müssen wir uns jeden Tag zum Appell aufstellen, und der findet um 6 Uhr morgens statt. Dieser endlos dauernde Appell, bei dem bis auf die Knochen abgemagerte, ausgehungerte und oft kranke Lebewesen ein albtraumhaftes Bild abgeben. Später am Tag versucht meine Mutter einige Bekannte wieder zu finden. Sie holt Informationen ein und sucht mit allen Mitteln nach einem Ausweg.

Eines Morgens – ich kann nach Belieben zwischen den Blocks herumgehen – komme ich zu einer Art riesigem Käfig, der innerhalb unseres Lagers mit Stacheldraht abgetrennt ist. In seiner Mitte steht eine Baracke. Plötzlich öffnet sich die Tür, und was jetzt an mit vorbeizieht, wird mich noch lange Jahre verfolgen. Formlose, skelettartige Gestalten tauchen auf, von den „Kapos“ vorwärts geschubst, einige gehen noch aufrecht, andere kriechen auf allen Vieren, und wieder andere robben vorwärts, unfähig, sich aufzurichten. Ich kann nichts Menschenähnliches an diesen Gestalten ausmachen. Lebende Tote, die wer weiß welchem Schicksal folgen. Wer sind sie? Woher kommen sie? Sind es Männer oder Frauen? Aus welchem Grund hat man sie in einen derartigen Zustand versetzt? Ich habe es nie erfahren. Mein ganzes Wesen zieht mich zu ihnen hin, vielleicht kann man ihnen ein wenig helfen, ihnen beistehen – aber es gibt keinen Durchlass im Stacheldraht, und so bleibe ich hilflos stehen, erstarrt in einer Art inerter Reglosigkeit. Später berichte ich meiner Mutter von diesem Anblick, aber auch sie kann sich die Gründe dieser Katastrophe nicht erklären.

Wir sind wieder in unsere Baracke gegangen und haben unsere Sitzplätze auf dem Fußboden eingenommen. Wir bleiben nur kurz in Auschwitz. Wir hören verschiedene Gerüchte, die „Kapos" seien unter den Deportierten ausgesucht worden. Die rothaarige Furie, die wir manchmal sehen, geht ständig mit einer Peitsche herum. Sie ist, so scheint es, eine Entkommene, der Gaskammer und dem Ofen entkommen. Danach ist sie völlig wahnsinnig geworden.

Ich hatte schon von den Öfen und den Gaskammern gehört. Zweifellos hatte der Mann, der mich am Bahngleis angesprochen hatte, dies gemeint. Aber mir war nicht klar, dass es Wirklichkeit war. Ich flüchtete mich in meine eigene Welt und bewahrte sorgfältig mein abwesendes Ich. Ich hatte gehört, dass manche Frauen von den deutschen Ärzten irgendwelchen Experimenten unterworfen wurden. Später erfuhr ich, dass unter ihnen auch meine Cousine Sabine war. Während mehrerer Jahre, die wir nach dem Krieg zusammen in Paris verbrachten, haben wir niemals unsere jeweiligen Tragödien erwähnt. Ihr Schmerz war noch allzu lebendig.

Inzwischen hatte ich bemerkt, dass meine Regelblutung komplett ausgeblieben war. Ich hatte sagen hören, ohne unser Wissen sei uns ein Medikament verabreicht worden. Zumindest der Geschmack der Suppe, die wir zweimal täglich bekamen, hatte sich nicht geändert.

Am nächsten Tag brachte man uns in eine Baracke, und damit begann ein neues Leben, das Barackenleben. Mit der Energie und dem Mut der Verzweiflung setzte meine Mutter ihre Erkundungen fort. Sie erfuhr, dass wir in einer Durchgangsbaracke waren und in ein Arbeitslager in der Nähe von Hannover geschickt werden sollten.

Das Arbeitskommando bei Celle[6]

Es scheint, dass es sich dabei um ein Kommando handelte, nicht um ein Lager, aber dieses Detail änderte nichts an unseren Lebensbedingungen. Diesmal ging die Reise im Viehwaggon schneller vonstatten.

Oh Wunder! Wir kamen in einem Wald an. Wir gingen ein kleines Stück und entdeckten eine Lichtung mit Holzbaracken. Wir wurden aufgeteilt. Der SS-Kommandant war anwesend. Ungefähr vierzig Frauen kamen in einen Raum, und zusammen mit meiner Mutter betrat ich unser neues Universum. Etagenbetten, aber doch Betten! Sie waren mit Strohmatratze und Decke ausgestattet. In der Mitte des Raums stand ein Ofen, der schiere Luxus. Meine Mutter entschied sich für die untere Bettstelle, und ich kletterte in den „ersten Stock". Endlich fand ich ein wenig Ruhe vor der Masse, die mich schon so lange überrollte.

In unserer Baracke waren Frauen aus mehreren Ländern: aus Polen, Deutschland, der Tschechoslowakei und aus Rumänien. Die jungen Frauen aus Deutschland schienen mir eine solidarische Gruppe zu bilden. Sicher hielten sie mich für zu jung, als dass sie mich in ihre Reihen aufgenommen hätten. Von meiner Mutter war zu diesem Thema nichts zu erfahren.

In der Nähe bemerkten wir ein anderes Lager mit Häftlingen in Zivilkleidung, darin waren Männer, Frauen und Kinder. Wir erfuhren, dass sie aus den Niederlanden

---

6 Einige Kilometer westlich von Celle gelegen, Außenkommando Hambühren (auch bezeichnet als Hambühren-Ovelgönne oder mit dem zynischen Namen „Waldeslust"). Siehe dazu Bernd Horstmann, Die Außenlager des Konzentrationslagers Bergen-Belsen – ein Überblick. Unveröffentlichtes Manuskript 2001.

kamen[7]. Sie sahen aus, als würden sie sehr viel besser behandelt als wir. Aber sie versuchten nie, mit uns Kontakt aufzunehmen. Wir waren in der Nähe von Celle. Dieser Ort liegt in der Tat nahe bei Hannover. Aber wir waren ziemlich weit vom Dorf entfernt.

Gleich am nächsten Morgen nach unserer Ankunft, nach dem ewig dauernden Appell, gingen wir zur Arbeit. Unser Kommando unterstand der „Hochtief", einem öffentlichen Bauunternehmen. Sehr bald fügten wir hinzu: *„hochtief begraben"*.

Schon um 6 Uhr morgens setzten sich die gestreiften Kleider in Marsch. Der Weg erschien mir weit. Dabei sollte ich diesen Weg von nun an jeden Morgen und jeden Abend zurücklegen. Wir kamen durch ein Dorf. Zu meiner großen Verwunderung stellte ich fest, dass es noch Menschen gab, die ganz normal lebten, alle in richtigen Häusern, umgeben von richtigen Gärten, in denen glückliche Kinder spielten.

Als wir vorbeikommen, laufen die Kinder herbei, und mit dem Ruf *„Jude, Jude"* werfen sie Steine nach uns. Ich muss mich dem Unabweisbaren beugen: Wir gehören nicht mehr zur selben Welt, wir sind so etwas wie Geschöpfe einer anderen Art. Und dennoch: Nicht einmal einen räudigen Hund hätte ich mit Steinen beworfen. Diese Kinder müssen in einer ganz besonderen Weise „konditioniert" worden sein, dass sie sich so verhalten.

Wir wurden von Soldaten der Wehrmacht bewacht, Soldaten der regulären deutschen Armee. Sie begleiteten uns vom Aufbruch aus dem Lager bis zur Rückkehr am

7 Es dürfte sich hier um freiwillige zivile Arbeitskräfte aus den Niederlanden handeln.

Abend. Wir kamen auf der Baustelle an, und dort erwartete uns schon der Vorarbeiter und erklärte uns die erste Arbeit, die wir auszuführen hatten. Wir sollten einen Unterstand bauen, und dazu mussten wir zuerst ein großes tiefes Loch graben. Zuerst warfen wir das Erdreich einfach zur Seite, aber je größer das Loch wurde, umso höher mussten wir werfen, nach einer Weile sogar über Kopfhöhe hinaus. Die Schaufeln mussten jedes Mal voll sein, wir durften weder mogeln noch über die einzige Essenspause hinaus Rast machen.

Wenn ich im rechten Arm, im Ellbogen oder in der Schulter sehr starke Schmerzen habe, kommen mir diese Bilder unwillkürlich wieder in Erinnerung.

Fast jeden Tag stattete uns der SS-Offizier, dem das Lager unterstand, seinen Besuch ab. Seine Ankunft zeichnete sich durch eine besondere Originalität aus, nämlich eine Art Versteckspiel: Er beobachtete alle und prüfte, wie seine Anordnungen ausgeführt wurden.

Als ich eines Tages genug davon habe, das Erdreich mehr als eineinhalb Meter hoch hinauf zu werfen (ich bin 1,56 m groß), unterbreche ich die Arbeit um ein wenig zu verschnaufen. Der Soldat, der uns bewacht, macht eine tadelnde Bemerkung, und ausgerechnet in diesem Augenblick taucht der SS-Kommandant hinter einem Busch auf. *„Wer arbeitet hier nicht?“* Seine Stimme schneidet wie ein Peitschenhieb. Es herrscht absolutes Schweigen, niemand rührt sich. Keine von uns hat jemals irgendwen verraten. Ich überlege einen Augenblick. Man hat mich gelehrt, dass selbst noch die bösesten Wesen für die Wahrheit aufgeschlossen sind und etwas Gutes in sich haben. Ich weiß auch, dass der SS-Kommandant uns alle bestrafen wird, wenn er keine Antwort bekommt. Am Abend werden wir nicht in unsere Baracke gehen dürfen, sondern mehrere

Stunden lang im Freien stehen müssen. Nach einem Arbeitstag ist solch eine Prüfung unerträglich.

Der SS-Kommandant steht ganz in meiner Nähe. Mit entschlossener Miene trete ich vor, sehe ihm in die Augen und sage: „Ich". Ich habe das Wort noch nicht ausgesprochen, da schlägt mich ein unglaublicher Fausthieb K.O., so dass ich ein paar Meter weit weg geschleudert werde.

Als ich, am Boden liegend, die Augen wieder aufschlage, habe ich den Eindruck, ein Feuer brenne in meinem Kopf. Ich kann mich kaum rühren. Mein Kopf wiegt eine Tonne. Mehr schlecht als recht stehe ich auf und versuche mich auf den Beinen zu halten. Zum Glück ist meine Mutter nicht da, so dass ihr der Anblick erspart bleibt. In der Essenspause für die Suppe kann ich mich ein ganz klein wenig erholen. In diesem Arbeitslager besteht eine grundlegende Solidarität. Alle Frauen umringen mich und bieten Hilfe an. Eine bringt mir etwas Wasser zur Erfrischung, eine andere hält mir den Kopf, um den Schmerz zu lindern. Auch der alte Wehrmachtssoldat kommt zu mir. Plötzlich hält er mir seinen Napf voller Suppe hin und sagt: *„Iss doch"*. Er hat seinerseits versucht, mir wieder ein wenig zu Kräften zu verhelfen. Um mich zu trösten, fügt er hinzu: „Du wirst sehen, bald bist du frei und fährst in einem Auto." Sicher meint er damit den privaten PKW, der gerade auf der Baustelle angekommen ist. Schon seit einiger Zeit weiß er, dass wir keineswegs Prostituierte oder gewöhnliche Kriminelle sind, wie man ihm gesagt hat, sondern Frauen, deren einziges Verbrechen in ihrer jüdischen Herkunft besteht. Er verachtet uns nicht mehr, aber wie alle im Lager hat auch er eine Heidenangst vor dem SS-Kommandanten. Im Übrigen muss ich den ganzen restlichen Tag arbeiten, so lautet die Anordnung.

Nach ein paar Tagen war mein Gesicht abgeschwollen und ich sah wieder aus wie ein Mensch. Zweifellos war mein Verhalten als mutig eingeschätzt worden, und das schuf eine größere Nähe innerhalb unserer Arbeitsgruppe. Von diesem Tag an sprachen wir mehr miteinander, und wenn ich mich bestimmten Kameradinnen nicht enger anschloss, dann nur wegen der Anwesenheit meiner Mutter. Mit ihr verbrachte ich die einzigen freien Augenblicke, abends, bevor mich wieder die Müdigkeit besiegte, und sonntags.

Eines Tages treffen Häftlinge in Zivilkleidung ein. Sie sollen auf derselben Baustelle arbeiten wie wir. Als ich höre, wie sie miteinander reden, stelle ich fest, dass sie aus Frankreich sind[8]. So erfahren meine Arbeitskameradinnen, dass ich diese Sprache ein wenig beherrsche. Unaufhörlich quälen sie mich, ich solle mit diesen Häftlingen sprechen. Zum einen habe ich gar nicht das Recht dazu, und was soll ich sie denn überhaupt fragen?

Endlich entscheide ich mich, und während ich in eine andere Richtung blicke, frage ich: „Wie spät ist es?" Mit einem einzigen Ruck fahren an die zehn Köpfe herum und versuchen herauszufinden, woher diese Frauenstimme kommt. Als sie endlich begreifen, wenden sie den Blick ab, und nacheinander stellen sie mir Fragen, ganz leise, um nicht die Aufmerksamkeit der Wache zu erregen.

Von diesem Tag an erfuhr ich jeden Morgen Neuigkeiten. So entdeckte ich den Mann mit der Baskenmütze. Sobald ich ihn am Horizont auftauchen sah, machte ich

8 Vermutlich französische Kriegsgefangene aus dem Kommando 756; vgl. André Nicq, Les kommandos du Stalag XI B, unveröffentlichtes Manuskript von 1995, S. 139. Diese Kriegsgefangenen genossen ein erleichtertes Statut und konnten sich relativ frei bewegen.

mich bereit. Er kam ganz nah an mir vorbei, er trug einen Balken oder eine Eisenstange, und im Vorbeigehen teilte er mir die neuesten Nachrichten mit. Die Russen rückten vor, die Engländer kämpften heftig, die Amerikaner waren schon in Frankreich. Aber Frankreich war so weit weg...

Die Bombardements waren unsere größte Freude. Zunächst einmal bedeuteten sie, dass die Alliierten etwas taten, aber was für eine Freude, wenn wir sahen, welche Angst unsere „mutigen" Deutschen hatten. Ich habe niemals einen solchen „Schiss" gesehen. In Sekundenschnelle waren alle in ihren Unterständen verschwunden, und wir – für ein Mal völlig frei – waren außer uns vor Freude. Es war so lange her, dass ich gelacht habe. Ein Soldat, der draußen vergessen worden war, hatte unser Lachen gehört, er kehrte um und kam in rasender Wut auf uns zu, aber da kamen schon die Flieger, und seine Angst war doch stärker. Rasch flüchtete er sich zu seinen Kameraden.

Am nächsten Tag arbeiten wir neben einer Autowerkstatt. Es regnet stark, und wir gehen hinein. Da zieht einer der französischen Häftlinge eine Packung Kekse aus der Tasche, um sie unter uns zu teilen. Fast alle jungen Frauen stürzen sich darauf, nur drei oder vier rühren sich nicht vom Fleck. Eine davon bin natürlich ich. Da reicht mir einer der Häftlinge, ein großer Blonder, einen Apfel. Eine andere Hand ist schneller als meine und entreißt ihm den Apfel. Sehr entschieden holt er sich den Apfel zurück und gibt ihn wieder mir. Ich stehe einen Moment so da, den Apfel in der Hand, und dann beschließe ich, ihn mit meiner ausgehungerten Kameradin zu teilen.

Noch immer hatte ich dieses unglaubliche Privileg, nicht wirklich unter dem Hunger zu leiden. Ich hatte weder Magenschmerzen noch Übelkeitsanfälle, die einen wahnsinnig machen. Mein Magen war offensichtlich auf

Maß geschrumpft. Seit ich keine Bücher mehr hatte, klinkte ich mich innerlich aus und zog mich in Tagträume zurück. Eines Tages wurde mein Träumen durch die Ankunft italienischer Kriegsgefangener[9] unterbrochen. Sie waren nicht sehr zahlreich, aber auf welche Art und Weise die Deutschen sie misshandelten! Von allen Kriegsgefangenen erfuhren diese die tiefste Verachtung. Später erfuhr ich, dass sie zunächst Verbündete der Deutschen gewesen waren. Seltsame Verbündete!

Damals begann meine Haltung sich zu ändern. Das fiel merkwürdigerweise mit den Begegnungen auf der Baustelle zusammen.

Ich suchte nach einer Lösung, meinen kahl geschorenen Kopf zu verbergen, und ich wollte gern mein Kleid ein wenig befestigen, das mir viel zu weit um die Beine schlotterte. Als erstes fand ich eine Lösung für meinen Kopf. Zufälligerweise war mein blassrosa Unterhemd ziemlich lang. Ich riss unten also ein Stück ab, machte mir daraus einen Turban und lernte, wie ich ihn auf dem Kopf verknoten musste. Meine Mutter half mir, denn ich hatte keinen Spiegel. Dann riss ich noch ein Stück von meinem Unterhemd ab und rollte es zu einem Gürtel, um mein Kleid zu halten. So, jetzt hatte ich einen blassrosa Turban und einen dazu passenden Gürtel.

Noch ein paar andere von uns versuchten sich eine Ähnlichkeit mit menschlichen Wesen zurückzuerobern. Meine Freundin Anna war groß und mager und trug auch einen Turban. Außerdem packte sie jeden Tag eine kleine Tischdecke aus und legte sie auf ein Brett, wo sie dann ihr Stückchen Brot aß oder ihre Suppe aus einer Konserven-

---

9 Sie waren eingesetzt im Kommando 6084, Luft-Muna, Fa. König u. Gebhardt, Nordhorn – Arbeitsstelle Hambühren.

dose verzehrte. Ich habe keine Ahnung, wie sie es geschafft hatte, das Tischtuch zu behalten. Mehreren Frauen war es gelungen, kleine Erinnerungsstücke durchzuschmuggeln, Fotos, eine Puderdose oder einen Anhänger. Meine Mutter litt immer stärker unter Erschöpfung und Hunger und machte sich Sorgen um mich.

Ich hatte Verletzungen an den Fußknöcheln, die die Holzschuhe nicht vertrugen. Und man muss schon sagen, dass die langen Fußmärsche zur Arbeit und das Stehen den ganzen Tag hindurch die Dinge nicht eben erleichterten. Meine Mutter machte mir Verbände aus Toilettenpapier, aber meine Fußknöchel eiterten immer noch. Meine zierlichen kleinen Füße hielten nicht durch. Das Holz und der Stoff waren hart und meine Wunden heilten nicht mehr. Es begann sehr kalt zu werden. Wegen des schlechten Wetters wurde die Arbeit auf der Baustelle für einige Tage unterbrochen. Aber unser SS-Kommandant ließ sich etwas einfallen, wie er uns trotzdem an der Arbeit halten konnte.

Er beschloss uns in eine Salzmine zu schicken. Ich wurde wegen meiner Wunden nicht zugelassen, aber meine Mutter musste mit den anderen gehen. Zum ersten Mal ging ich nicht zur Arbeit und blieb allein in der Baracke.

Plötzlich – denn wir haben schon lange keinen Kalender mehr – bemerke ich, dass wir den 18. September 1944 haben. Mein Geburtstag! Ich werde sechzehn. Seit mehr als vier Jahren bin ich eingesperrt. Ich beginne zu weinen, dabei glaubte ich schon all meine Tränen verbraucht zu haben. Ich kann nicht mehr aufhören.

Durch die Glasscheibe in der Tür, der einzigen Öffnung in der Baracke, sehe ich nach draußen. Es regnet ununterbrochen, und ich schluchze nur noch heftiger. Ich betrachte den düsteren Himmel und flehe meinen Vater an. Sicher kann er mich sehen von da aus, wo er jetzt ist. Ich bin nicht gläubig, denn ich habe ein für allemal beschlossen, dass der liebe Gott, wenn er solche Scheußlichkeiten zulässt, entweder so lieb nicht ist oder gar nicht existiert. Mein Vater dagegen hat existiert und er war so sanft. Er liebte mich so sehr, dass es ihm möglich sein sollte, mir zu helfen oder mich zu ihm kommen zu lassen. Ich habe alles so satt, und mit einem Mal habe ich keine Hoffnung mehr. Alles ist so entsetzlich und traurig, und in was für einem jämmerlichen Zustand bin ich nur mit meinen sechzehn Jahren!

So verging der ganze Nachmittag, und mein Jammern wurde erst durch die Rückkehr des Arbeitskommandos unterbrochen. Meine Mutter erfuhr, dass die Frauen nicht mehr in die Salzmine hinunter müssten, denn die Bergleute lehnten es ab, sie mit dort in ihrem salzigen Reich zu haben. Für den Augenblick hatte diese Entscheidung viele von uns gerettet, denn unser körperlicher Zustand und unsere Ernährung hätten uns in der Umgebung einer Salzmine nicht lange überleben lassen. Unsere Ernährung bestand aus einem kleinen Stück Brot am Morgen, etwas Kaffee-Ersatz, mittags einer Suppe und abends noch einer grauen, aber warmen Flüssigkeit.

Einige Tage später waren wir wieder wie üblich auf der Baustelle. Diesmal lernte ich, wie man Eisenstangen in eine Beugemaschine einführte. So wurden sie geformt, um an dem im Bau befindlichen Unterstand als Armierung dienen zu können. Die Kälte machte mir mehr zu schaffen als der Hunger, aber der Winter setzte unbarmherzig ein. Entweder gellten die Alarmsirenen heute lauter als sonst, oder ich wurde immer empfindlicher. Ausnahmsweise ließen uns die Soldaten mit in den Bunker. Gefasst wartete ich auf die Entwarnung, als ich am oberen Ende der Treppe

Lärm hörte. Eine meiner Kameradinnen kam zu mir herunter und flüsterte mir ins Ohr: „Komm schnell, der große Blonde fragt nach Dir."

Hals über Kopf stürze ich die Treppe hinauf. Ich erkläre der Wache, dass ich dringend austreten muss und finde mich allein vor dem Bunker wieder. Ein paar Schritt weiter sehe ich tatsächlich den „großen Blonden", der mir ein Paket zeigt. Er geht rasch zu einer der Maschinen, hebt den Deckel an ihrer Vorderseite hoch, versteckt das Paket und geht wieder weg. Zwei Sekunden später stürze ich mich auf das Versteck und schließe das kostbare Paket in meine Arme. Ich schiebe es unter mein Kleid, und zum ersten Mal bedaure ich nicht, dass es so weit geschnitten ist. Ich schnalle den Gürtel schön eng, der alles festhält. Ich kehre in unseren Bunker zurück und warte voller Ungeduld auf den Abend, wenn ich endlich meine Mutter wieder sehen werde. Die meiste Zeit ist sie zur Arbeit in einer anderen Gruppe eingeteilt. Erst in der Baracke kann ich mein Kleid öffnen und das Paket bestaunen.

Was ich vorfinde, ist ganz einfach ein Wunder! Ein Brief, ein großes Stück Brot, ein Ei, ein Apfel und ein Stück Schokolade. Seit vier Jahren habe ich die Farbe von Schokolade nicht mehr gesehen. Meine Mutter nimmt alles an sich, außer dem Brief, denn sie wird diesen ganzen Reichtum in einzelne Rationen aufteilen.

Inzwischen vertiefe ich mich in den Brief. Zum Glück kann ich Französisch besser lesen als sprechen. Zuallererst stellt „der große Blonde" sich vor. Er stammt aus Schweden und heißt Hans Johansson, aber er hat überwiegend in Paris gelebt und besitzt auch die französische Staatsangehörigkeit. Er ist Kriegsgefangener, aber auf Grund seines Berufes – Chauffeur – genießt er einige Vorteile, insbesondere hat er Zugang zu all diesen Köstlichkeiten, die er mir geschickt hat. Ein paar Blatt Papier und ein Bleistift sind dem Brief beigelegt und sollen es mir ermöglichen, selbst Mitteilungen zu verfassen. Im Rahmen des Möglichen will er versuchen, mir alles zu beschaffen, was ich möchte.

Meine kleine Liste war rasch fertig. Außer Lebensmitteln – die hatten oberste Priorität! – wünschte ich mir in diesem Augenblick am dringendsten einen Spiegel, eine Zahnbürste, eine Jacke und Handschuhe. Außerdem schrieb Hans Johansson mir, dass er mich liebte. Für mich war er ein Engel, der vom Himmel gefallen war. Jeden Tag, auch wenn es regnete oder stürmte, tauchte „der große Blonde“ am Horizont auf. Sollte der LKW zufällig einmal nicht zur Verfügung stehen, kam er auf dem Fahrrad, und jedes Mal brachte er ein Paket, das meiner Hoffnung Nahrung gab. Seine Zuverlässigkeit bestand jede Prüfung. Jedes Mal fand er eine geeignete Stelle, um das Paket abzustellen, und jedes Mal beeilte ich mich, es zu holen. Jedes Mal musste ich dafür eine gewisse Entfernung überwinden, und es war ein unglaubliches Glück, dass mich nie jemand beobachtet hat – es sei denn, der wachhabende Soldat hätte beide Augen zugedrückt.

Diese tägliche Unterstützung in physischer wie psychischer Hinsicht hat mir sicher das Leben gerettet, vor allem aber hat sie mich gewappnet, die letzten tragischen Prüfungen zu überstehen. Wir schrieben uns jeden Tag. Ich erzählte ihm von meinem Leben in Polen, und er berichtete von seinem Beruf, den er in Paris ausübte.

Ich erinnere mich daran, dass er sich meiner für nicht wert hielt. Als hätte ich ihm auf Grund meiner bürgerlichen Herkunft irgendetwas voraus. Zumal in der Situation, in der wir uns damals befanden, hatte das eher etwas von einer Tragikomödie. Leider sollte ich später nie die Gelegenheit haben, ihn wieder zu sehen. Im Augenblick aber, auf der Baustelle, war die Kälte durchdringend, und ich hatte die gewünschte Jacke noch nicht bekommen.

Im Lauf des Nachmittags kam ein Vorarbeiter von der Baustelle nebenan vorbei, und da die vor Kälte schlotternde junge Frau ihn offensichtlich rührte, reichte er mir eine Jacke. Dankbar nahm ich sie und zog sie sofort an. Sie gab mir ein Gefühl von Wärme und Wohlbehagen. Dem Soldaten, der uns bewachte, fiel das Kleidungsstück auf, und ich wurde einem regelrechten Verhör unterzogen: „Wer hat dir das gegeben? Wo hast du das gefunden?“ Eins ums andere Mal antwortete ich, dass ein Mann vorbeigekommen war und mir die Jacke gegeben hatte. Ich wusste nicht, wer er war, ich kannte ihn nicht. Zum Glück hatte ich es mit dem Wehrmachtssoldaten zu tun, der schließlich resignierte und mir die Jacke ließ. Ich rannte zur Toilette, um die Jacke unter meinem Kleid anzuziehen und sie so vor allen argwöhnischen Blicken zu verbergen. Später sollte ich noch eine zweite Jacke bekommen, für meine Mutter. Heute scheint es mir, als hätte ich nur an mich selbst gedacht – der schiere Egoismus!

Unser Chef auf der Baustelle war sehr streng, aber er schlug uns nicht. Nur ein einziges Mal habe ich gesehen, wie er eine Frau schlug. Dafür verlangte er, dass wir ununterbrochen arbeiteten. Der alte Chef, der leider nicht für uns zuständig war, machte einen sehr viel nachsichtigeren Eindruck. Er beschäftigte eine junge Russin in Zivilkleidung als Putzfrau in seinem Büro.

Als sie krank wird, sucht er mich als Ersatz aus. Was für ein Glück: Ich kann in einem warmen Raum arbeiten und werde weder überwacht noch belästigt! Am Ende des Tages ist der alte Chef mit meiner Arbeit zufrieden und gibt mir ein Bonbon... Zweifellos hat er keinen Schimmer von Qualität und Umfang unserer täglichen Nahrung. Aber ein paar Tage lang arbeite ich glücklich im Warmen, vor einem Kamin.

Zu meinem Pech wurde die junge Russin wieder gesund, und ich musste zurück auf die Baustelle. Wenn es einmal allzu kalt war, blieb die Baustelle leer. Aber wir mussten zu einem kleinen eingeschneiten Hügel gehen und dort Kohlestücke herausholen, zuerst oben im Stehen, dann kauernd, um die Kohle unten herauszuziehen, und so verwandelten wir uns allmählich in kleine festgefrorene Häufchen. Meine Hände waren eiskalt, aber sorgfältig schonte ich meine Handschuhe, um sie nicht nass zu machen. Irgendwann war ich aber am Ende und zog sie doch an. Als ich abends zurückkam, bemerkte ich, dass meine Zehen steif gefroren waren. Ich würde Erfrierungen haben, das war äußerst schmerzhaft.

Wunden an den Knöcheln und Erfrierungen an den Zehen – zum Glück bemerkte das niemand und hatte ich nicht die Kraft, dauernd daran zu denken. Wenn ich abends vom Appell zurückkam, fiel ich buchstäblich ins Bett. Trotz des Winters versorgte uns der Mann mit der Baskenmütze täglich mit Nachrichten von der Front. Die Deutschen wurden überall geschlagen, aber was mochten sie in der Zwischenzeit noch mit uns vorhaben? Er schloss mit dem Ruf: „Haltet durch!“

Ungefähr zu dieser Zeit treffen junge Ungarinnen bei uns ein. Sie werden unserem Kommando zugeteilt. Ihre Bestürzung ist kaum zu beschreiben. Sie halten nicht durch. Sie kommen aus einem annähernd normalen Leben, und man stürzt sie in die Hölle. Also brechen sie zusammen. Sie weinen Stunden lang und verstecken sich in den Toiletten. Als könnten die deutschen Soldaten sie dort nicht finden! Wir sind gleich mit gestraft, denn die

Toiletten sind der einzige Ort, an dem wir ein wenig „verschnaufen" können.

Die schwerste Arbeit stand uns erst noch bevor. Wir sollten Eisenbahnschienen verlegen. Wir mussten uns am Gleis entlang in gleichmäßigen Abständen aufstellen, jeweils die Hälfte von uns auf jeder Seite, dann alle gleichzeitig die Schiene aufnehmen und sie auf unsere Schultern laden. Wir mussten im Gleichschritt laufen und durften vor allem keine falsche Bewegung machen. Wir wurden zu der Stelle geführt, wo die Schiene verlegt werden sollte. Sehr rasch begriffen wir, dass jede eingezogene Schulter die Last für die Nachbarinnen noch vergrößerte. In der ganzen Zeit, in der wir zu dieser Arbeit eingesetzt waren, hat nie eine ihre Schulter eingezogen.

Als wir eines Tages von der Baustelle zurückkommen, sehen wir „unsere" Kriegsgefangenen wieder. In unserer Mittagspause beginnt eine junge Frau aus meiner Gruppe ein Gespräch mit einem Fahrer. Zu ihrem Pech steht der SS-Kommandant hinter einem Baum und hört die Unterhaltung. Er springt hervor, und die Schläge hageln nur so auf meine Arbeitskameradin herunter. Mit aller Kraft prügelt er auf sie ein, Körper, Kopf, Gesicht. Schließlich ist er erschöpft und geht weg ohne sich umzudrehen. Er befiehlt dem Soldaten nur, sein Opfer schon am Nachmittag wieder zur Arbeit zu schicken. Das war Vorschrift. In ihrem Zustand konnte unsere Kameradin sich nicht einmal auf den Beinen halten. Wir unterstützten sie alle und taten ihre Arbeit mit. Abwechselnd stützten wir sie, damit es so aussah, als würde sie arbeiten. Der Soldat, der uns bewachte, ließ sich bestimmt nicht täuschen, aber er drückte beide Augen zu.

Einige Zeit später machte eine traurige Nachricht die Runde im Lager. Eine Frau war gestorben. Die Deutschen würden sie begraben, und wir sollten alle dabei sein. Ich kannte diese Frau nicht und wusste auch nicht, warum sie gestorben war, aber sie war das erste Todesopfer aus unserem Kommando. Wir setzten uns also hinter dem Sarg in Marsch, wie man es uns befohlen hatte. Meine Mutter ging neben mir. Irgendwann konnte sie nicht mehr weiter und scherte aus der Reihe aus. Eine deutsche Aufseherin, die wir nicht sehr oft sahen, schubste sie, damit sie sich wieder einreihte. Sofort rief ich: „Rühren Sie meine Mutter nicht an!" Ihre Geste hat mich so empört, dass ich jede Vorsicht vergaß. Die Deutsche blieb einen Moment erstaunt stehen, reagierte aber nicht. An diesem Tag habe ich Glück gehabt.

Inzwischen schritt der Winter voran, es wurde immer kälter, der Frost brachte die Arbeit auf der Baustelle zum Erliegen. Zugleich kam Order, unser Lager zu räumen. Es war Februar 1945. Bei einer Versammlung teilte uns der SS-Kommandant mit, dass wir nach Bergen-Belsen kommen sollten, und fügte hinzu: „Und ihr werdet dieses Lager noch vermissen!" Wir wagten nicht zu lachen, aber was könnte uns wohl noch Schlimmes passieren?! Leider behielt er Recht. Nach all unserem Elend würde das Schlimmste erst noch kommen. Eines Morgens wurden wir auf LKWs verladen. Wir fuhren ins Lager Bergen-Belsen.

Bergen-Belsen

Nach kurzer Zeit kommen wir dort an, denn es ist nicht sehr weit. Man zeigt uns die Baracke, in die wir einziehen sollen. Uns erwartet der nackte Boden, aber wir dürfen es uns auch nicht zu bequem machen, denn wir haben zu wenig Platz. Wir können nicht einmal zum Schlafen die Beine ausstrecken. Umsichtig wie immer, sucht meine Mutter noch nach Bekannten. Zuerst bemerkt sie eine Baracke, in der Französinnen sind. Sofort muss ich ihnen einen Besuch abstatten und mich wieder in ihrer Sprache üben und Verständigungsversuche machen.

Jeden Tag fanden die gewohnten Appelle statt, aber wir mussten nicht arbeiten und verließen das Lager nie. Eines Tages fanden wir nach dem Appell neue Gesichter in der Baracke vor. Frauen in normaler Kleidung hockten auf dem Boden und betrachteten uns feindselig, jedenfalls hatten wir diesen Eindruck. Wir erfuhren, dass es Ukrainerinnen waren. Die nackte Angst fuhr uns in die Glieder, denn wir wussten, wie antisemitisch diese Leute waren. Wir verkrochen uns in die Ecken, möglichst weit weg von dieser Bedrohung. Sie blieben aber nur kurz bei uns, dann kamen sie woanders hin, ich weiß nicht, wohin. Ich gebe zu, dass ich ihre Spur nicht weiter verfolgt habe.

In der Zwischenzeit traf meine Mutter noch eine Bekannte, eine Krankenschwester. Ich habe den Eindruck, meine Mutter kennt die ganze Welt. Die Krankenschwester schlug mir vor, für eine Ration Suppe in der Krankenstation zu arbeiten. Ich nahm das Angebot eilig an, denn in Bergen-Belsen gab es praktisch nichts zu essen, und „der große Blonde“ war so weit weg. Obwohl wir doch normalerweise so achtsam waren, erkannten weder ich selbst noch meine Mutter die drohende Gefahr. Ich musste jetzt nämlich jeden Tag in der Krankenstation die Betten machen und die Decken ausschütteln. Die aber waren voller Läuse, die den gesamten Platz erobert hatten, und die jene furchtbare Krankheit übertrugen, den Typhus.

Kaum ist die Inkubationszeit um, da werde ich schon krank. Jetzt habe auch ich Typhus. Selbst in den schlimmsten Horrorfilmen kann man sich eine solche Szenerie nicht ausmalen. Mein Fieber ist so hoch, dass ich die meiste Zeit bewusstlos bin. Wenn ich aufwache, merke ich, dass mein ganzer Körper von Läusen bedeckt ist. Die Flecken, die der Typhus verursacht, werden durch die Läuse zu offenen Wunden. Die Läuse fressen mich buchstäblich auf. Meine Schultern wie meine Schamgegend sind nur noch Wunden, die vor Läusen wimmeln. Die tummeln sich in ihrer bevorzugten Umgebung.

Meine Mutter bemüht sich zwar, mich von ihnen zu befreien, aber es nützt nichts. Ich habe immer noch hohes Fieber und bin im Delirium. Die wenigen klaren Augenblicke, in denen ich das entsetzliche Schauspiel ansehen muss, sind für mich so furchtbar, dass ich lieber sterben möchte. Meine Mutter ist immer bei mir, sobald ich die Augen öffne. Das ist mein einziger Trost. Sie bringt mir zu trinken, denn ich kann nichts mehr schlucken. Tag und Nacht ist sie bei mir. Ich selbst nehme nichts mehr wahr.

Die Tage vergehen, schließlich sinkt mein Fieber und ich öffne von neuem die Augen. Meine Mutter ist noch immer da, aber jetzt ist sie eine alte Frau. Ihre Haare sind nachgewachsen, fast weiß. Ihre schönen Hände bestehen nur noch aus Knochen, und ihr Gesicht ist faltig und ohne Farbe. Es geht mir etwas besser. Ich beobachte, dass jeden Tag einige Leichen aus unserer Baracke gebracht werden. Der Leib meiner Mutter beginnt anzuschwellen, aber ich begreife nicht, wie schlimm ihr Zustand ist. Sie hat ihre letzten Kräfte aufgebraucht, indem sie mich beschützte.

Was mag meine Mutter in jenen Augenblicken empfunden haben? Was mochte sie denken, wenn sie sah, welche Prüfungen ihre einzige Tochter durchmachen musste? Hatte sie noch Hoffnung? Ich wünsche es von ganzem Herzen. Ich weiß nur, dass sie immer bei mir war, in jeder Situation, und dass ihre absolut unvorstellbare Tapferkeit mir das Leben gerettet hat.

In jener Nacht weckt sie mich in ihrem Delirium auf: „Izia, mach mir *Kascha*".[10] Ich nehme sie tröstend in die Arme und sage: „Morgen, heute Abend ist es zu spät." Am nächsten Morgen wache ich neben einem leblosen Körper auf. Ich spreche mit meiner Mutter, schüttle sie, schreie, aber nichts vermag sie ins Leben zurück zu holen. Meine Mutter ist gestorben. Einen Augenblick lang bin ich völlig niedergeschmettert, dann drücke ich das einzige Wesen, das mir noch auf der Welt geblieben war, mit aller Kraft an mich. Ich kann das Offensichtliche nicht akzeptieren. Die Männer kommen, um den Leichnam abzuholen, aber ich lasse nicht los, ich halte sie fest. Ich bin entschlossen, mit meiner Mutter zusammen zu bleiben. Sehr kräftige Hände ziehen mich schließlich hoch und bringen die Tote weg.

Nach einigen verzweifelten Schluchzern bleibe ich reglos auf dem Boden liegen. Ich habe beschlossen auch zu sterben, mich einfach nicht mehr zu rühren. Mit dem Tod meiner Mutter ist der letzte Faden, der mich noch mit dem Leben verbunden hatte, abgeschnitten. All diejenigen, die ich geliebt habe, sind nicht mehr am Leben. Wozu soll es also gut sein, weiter zu leben?! Auf jeden Fall aber hat diese Krise der Hoffnungslosigkeit mir die letzten Kräfte geraubt, die ich so mühsam nach dem Typhus wieder gesammelt hatte.

---

10 *Kascha*: eine Art Graupensuppe.

Beim Schreiben wurde mir mit einem Mal klar, dass meine Mutter, diese alte Frau, mit nur 45 Jahren gestorben ist.

Im Mai 2002 stellte Isabelle Choko in der Gedenkstätte Bergen-Belsen eine Gedenktafel für ihre Mutter auf.

Ich weiß nicht, wie viele Tage ich so liegen geblieben bin, zwei, drei oder mehr. Ich bemerkte nicht einmal mehr die Leute um mich herum. Obwohl sie selbst dem Tod schon näher waren als dem Leben, sprachen meine beiden Nachbarinnen dennoch mit mir. Die beiden jungen Frauen, die rechts und links neben mir lagen, versuchten vergeblich, meine Aufmerksamkeit zu erregen. Seit wann mochten sie schon mit mir geredet haben?

Schließlich dringen ihre Worte in mein Bewusstsein: „Du bist die einzige, die kräftig genug ist, aufzustehen, du musst uns helfen." Was sagen sie da? Wie bitte, ich kann aufstehen?! Ich brauche doch nichts mehr, denn ich werde sterben. Ich höre noch einige kaum verständliche Worte: „Bring uns etwas Suppe, ein bisschen Wasser. Wir können uns nicht mehr rühren, deshalb musst du aufstehen. Wir haben solchen Hunger und Durst, du bist die einzige, die rausgehen kann."

Endlich sah ich meine beiden Leidensgefährtinnen an. Die Ältere hatte Schwierigkeiten beim Atmen, und ihr Herz setzte zeitweise aus. Die zweite litt an einer inneren Infektion, denn eine gelbliche Flüssigkeit floss ihr aus Nase und Ohren. Keine von ihnen konnte sich mehr rühren, nur ihre Köpfe und ihre Arme bewegten sich noch. Es war ganz klar, dass sie die Wahrheit sagten. Sie würden vor Hunger und Durst sterben, denn niemand versorgte uns mit Essen und Trinken.

Mit einem Mal kommt mir der Gedanke, dass ich kein Recht habe, sie so im Stich zu lassen ohne wenigstens zu versuchen, ihnen zu helfen. Also beschließe ich aufzustehen. Aber ich habe meine Kräfte überschätzt. Meine Beine, die so lange angezogen gewesen sind, knicken mir weg. Ich kann mich nur von rechts nach links wenden und umgekehrt. Nach etlichen Versuchen finde ich mich auf den Knien wieder. Auf allen Vieren erreiche ich schließlich die Tür.

Immer noch auf allen Vieren robbe ich nach draußen. Die frische Luft weckt neue Kräfte in mir. Mein ganzes Inneres ist auf die Anstrengung konzentriert, mich aufzurichten. Noch ein Versuch, dann bin ich auf den Beinen. Mit zögerlichen Schrittchen komme ich vorwärts. Der Weg scheint mir endlos lang. Unterwegs sehe ich eine leere Konservendose auf dem Boden herumliegen. Ganz vorsichtig bücke ich mich und hebe sie auf. Mich dann wieder aufzurichten ist eine echte Herausforderung.

Ich gehe ein paar Schritte und sehe eine kleine Gruppe von Frauen auf dem Boden um einen großen Behälter herum sitzen. Ich nähere mich und halte meine Konservendose ausgestreckt. Ziemlich schnell verschlinge ich die lauwarme Flüssigkeit, die sie mir eingeschenkt haben. Ich strecke noch einmal meine Konservendose aus und erkläre mehr schlecht als recht in einem internationalen Kauderwelsch, dass ich noch eine Portion Suppe für meine kranken Freundinnen in der Baracke brauche. Ganz vorsichtig gehe ich zurück, damit ich die kostbare Flüssigkeit nicht verschütte.

Der Empfang, den mir meine Kameradinnen bereiten, belohnt mich mehr als reichlich für meine Mühen. So mache ich jetzt jeden Tag weiter, und ganz allmählich werden meine Schritte sicherer. Leider scheint die Suppe nicht sehr vitaminreich zu sein, und meine Kräfte verlassen mich von neuem. Ich bleibe liegen, und unsere Kräfte reichen gerade noch aus, um ein paar Worte mit unseren Nachbarinnen zu wechseln. Sie flüstern mir zu: „Wenn die Welt es erfährt, wird so etwas niemals wieder passieren." Ein Trost für die Sterbenden... Die Überlebenden aber genießen das traurige Privileg, das Gegenteil feststellen zu müssen.

Eines Nachts träume ich, dass mir alle Zähne ausfallen und ich sie aufsammle, um sie auf einen Tisch zu legen. Beim Aufwachen am nächsten Morgen bemerke ich, dass sie tatsächlich wackeln. Ich wage nicht, sie zu berühren, und was ich esse, wird sie nicht noch mehr lockern. Ich habe große Angst, dass mein Traum wahr werden könnte. Erschöpft schlummere ich ein. Ich hatte Glück: Meine Zähne haben die Ankunft der Engländer abgewartet.

Befreit!

Tatsächlich kam ein Tag, an dem ich wie in einem Traum die Worte vernahm: „Ihr seid frei, wir sind da", der Satz wurde mehrmals in englischer Sprache wiederholt. Die Stimme fuhr fort: „Wir können nicht sofort ins Lager hinein kommen, weil es in Eurem Lager eine Typhusepidemie gibt, aber sobald die Desinfektion abgeschlossen ist, kommen wir zu Euch." In der Zwischenzeit kamen Männer in Schutzanzügen und Masken in unsere Baracke und besprühten uns mit einer Wolke aus weißem Pulver.[11]

Am nächsten Tag ging die Tür auf, der Kopf eines jungen Soldaten tauchte auf und zog sich tränenüberströmt gleich wieder zurück. Einige Minuten waren sicher vergangen, der Soldat bereitete seine Freunde auf den Anblick vor, der sie im Inneren der Baracke erwartete. Die Tür öffnete sich erneut, und diesmal kamen mehrere Soldaten zugleich herein. Sie begannen nach noch lebenden Wesen zu suchen. In letzter Zeit hatten wir die Toten nicht mehr hinausgetragen, und so verwesten sie inmitten derer, die noch atmeten. Früher hatten wir die Toten weggebracht, und draußen wurden sie zu kleinen Hügeln aufgeschichtet. Ich selbst konnte zwar nicht mehr aufstehen, aber ich rührte mich noch.

Ein Soldat, dessen Helm anders aussieht als bei den übrigen, kommt zu mir. Behutsam dreht und wendet er mich. Schließlich fragt er mich: „Kann ich Dich ohne Betäubung operieren?" Ich verstehe seine Worte und nicke zum Zeichen, dass ich einverstanden bin.

Was ich ihm nicht erklären kann: Er könnte mich sogar in Stücke schneiden, und ich würde trotzdem nichts

---

11 DDT, damals eingesetzt zur Desinfektion, etwa gegen Läuse.

spüren. Meine absichtlich herbeigeführte geistige Fühllosigkeit ist zu einer kompletten Betäubung geworden. Der Soldat, der, so viel habe ich begriffen, auch als Arzt fungiert, hängt die Tür der Baracke aus und treibt zwei Stützböcke für die Seiten auf. Behutsam legt er mich auf diesen improvisierten Operationstisch. Jetzt sehe ich, was los ist. An meinem rechten Schenkel ist eine orangengroße Schwellung. Hier muss selbstverständlich etwas unternommen werden, andernfalls riskiere ich eine noch schwerere Infektion.

Ich kann mich an überhaupt keinen Schmerz erinnern. Aber der Soldat, der mich operierte, hat wohl an meiner Stelle gelitten. Er ging für einen Augenblick weg und kam mit einem Stück Schokolade zurück, um mich zu trösten. Ich sagte Danke, aber ich spürte nichts, die Schokolade schmeckte wie Asche. Ich war für all den Dreck um mich herum unempfindlich geworden, aber der Geruch des Todes drang mir in die Nase und erfüllte mich vollständig. Noch Monate lang sollte er mich verfolgen. Alle übrigen Gerüche wurden von diesem besonderen aufdringlichen Verwesungsgeruch überlagert. Ich bekam Durchfall, wie so viele andere.

Die Nahrungsmittel, die die Engländer uns gegeben haben, sind uns nicht bekommen. Ich frage mich allerdings, was uns denn wohl hätte bekommen können. Ganz offensichtlich hatten die Engländer in dieser Hinsicht keinerlei Erfahrung. Die englische Armee, die uns am 15. April 1945 befreit hatte, war nicht darauf gefasst gewesen, „das Todeslager Bergen-Belsen" vorzufinden, so viele kranke Frauen, lebende Tote. Auf jeden Fall waren alle Körperfunktionen der Häftlinge, besonders aber die inneren Organe, völlig gestört. Der Eingriff, dem ich unterzogen worden war, hatte mir offensichtlich nicht gut getan. Ich war kaum bei Bewusstsein.

Am nächsten Morgen kam ein Mann und holte mich, sicher hatte ihn der Soldat geschickt, der mich operiert hatte. Er nahm mich auf den Arm, legte mich in einen Lieferwagen und brachte mich in ein Gebäude, ein improvisiertes Krankenhaus. In den Krankenzimmern war kein Platz mehr frei. So legte man mich auf ein Bett im Gang.

Ich bin noch am Leben, aber weder mein Körper noch mein Kopf wollen mir mehr gehorchen. Nur meine Augen betrachten noch meine Umgebung. Jemand versucht mich zu füttern, aber nichts will hinunter. Mein Mund fühlt nichts mehr, und meine Kehle ist komplett zugeschnürt. Selbst flüssige Nahrung bringe ich nur mit großer Mühe hinunter. Ich komme an einen Tropf. Mehrere Ärzte wechseln sich an meinem Bett ab. Ich bekomme mit, dass ich „das Mädchen mit den blauen Augen" genannt werde.

Sie waren das Einzige, was in meinem Gesicht auffiel. Meine Augen glänzten umso mehr, je höher mein Fieber stieg. Eine Rippenfellentzündung kündigte sich an, aber jetzt waren Ärzte um mich herum, die Medikamente hatten. Ganz langsam ging es mir besser. Ich sah meinen Körper, der nur noch aus Haut und Knochen und Wunden bestand. Die gerade erst vernarbten Typhuswunden waren von einem Ekzem abgelöst worden, das meinen ganzen Körper überzog. Ich war noch immer zu schwach, um mir völlig meines Zustandes bewusst zu werden.

Die englische Armee, die das Lager befreit hatte, war von französischen Ordensschwestern aus der Rue du Bac in Paris[12] sowie einigen polnischen Nonnen begleitet worden. Ich weiß nicht, durch welchen Umstand Schwester

---

12 Vinzentinerinnen : *Compagnie des Filles de la Charité de Saint Vincent de Paul.* Schwester Suzanne Spender ist am 14. Dezember 1955 im Mutterhaus des Ordens in Paris verstorben.

Suzanne Spender erfahren hatte, dass ich ein wenig Französisch verstand. Sie kommt zu mir und will mir in einer warmherzigen Geste ein Kettchen mit einem Kruzifix reichen. Ich erkläre ihr, dass ich Jüdin bin und es nicht tragen kann. Sie lächelt und sagt: „Du kannst es ja als Andenken behalten“, und das kann ich sofort akzeptieren.

Schwester Suzanne hat sich sehr um mich gekümmert. Sobald ein Platz frei wurde, sorgte sie dafür, dass ich in eines der Krankenzimmer kam. Sie machte meine Toilette und fütterte mich. Mit ihrer Hilfe unternahm ich meine ersten Gehversuche. Ich schwankte wie ein Neugeborenes. Gestützt von kräftigen Armen musste ich ganz neu gehen lernen.

Nach tagelangen Anstrengungen bestand das Ziel darin, die Waage zu erreichen, denn ich musste gewogen werden. Als ich reglos auf der Waage stehe, bemerke ich, dass die Nadel 25 Kilo anzeigt. Ich schaue nochmals nach, aber sie bewegt sich nicht. Ich erinnere mich, dass ich, als ich das letzte Mal auf einer Waage gestanden habe, ganz zu Anfang des Krieges, 40 Kilo wog. Ich bin seither nicht viel gewachsen, aber doch immerhin fünf Jahre älter geworden. Fünf Jahre eingesperrt sein, fünf Jahre Martyrium, und doch bin ich da, nicht sehr kräftig, aber am Leben. Vom Weg erschöpft, lege ich mich wieder hin, immer noch von helfenden Händen unterstützt.

In genau diesem Augenblick taucht eine polnische Nonne auf und schnauzt mich an: „Schämst du dich nicht, dir von Schwester Suzanne die Beine waschen zu lassen?!“ Zu meinem Leidwesen verstehe ich Polnisch. Ich bin völlig verblüfft. Wie ist das möglich, sie sieht doch genau, in welchem Zustand ich bin!

Schlagartig war ich wieder in den traurigen Zeiten der Verfolgung. Wie konnte sie nur so mit mir reden?! Was machte sie mit ihrem Glauben? Ihre Berufung bestand doch darin, ihrem Nächsten zu helfen, umso mehr einem so schwer kranken jungen Mädchen. Aber ein und dieselbe Religion hat in Polen offenbar ein anderes Gesicht als in Frankreich. Das Verhalten dieser beiden Nonnen gab ein natürlich etwas vereinfachtes, aber doch sehr getreues Bild zweier Ausdrucksweisen ein und derselben katholischen Kirche.

Ich habe die polnische Nonne nie wieder gesehen, kenne nicht einmal ihren Namen – umso besser! Dennoch hätte doch eigentlich sie mir durch ihre Sprache und ihren kulturellen Hintergrund nahe stehen sollen. Ich hoffe, sie hat nur angesichts eines kleinen Judenmädchens ihre Berufung vergessen.

Mein Zustand besserte sich zusehends. Eines Tages bat ich um einen Spiegel, denn seit Monaten hatte ich mich nicht mehr selbst gesehen. Ich erkenne mich nicht im Geringsten. Was da auftaucht, kann nicht ich sein. Ein Gesicht mit bleichem Teint und hohlen Wangen – alles in allem eher ein Skelett als ein lebendes Wesen. Außerdem habe ich ein Detail völlig vergessen. Meine Haare, die gerade eben wieder nachgewachsen waren, sind mir durch den Typhus erneut ausgefallen, ein Abschiedsgeschenk dieser furchtbaren Krankheit. Ich empfinde das als so schrecklich, so furchtbar, dass ich den Spiegel aus meiner Umgebung verbanne. Ich gleiche eher einem kranken „E.T.“ als einem menschlichen Wesen. Aber „E.T.“ kannte man damals noch nicht.

Schwester Suzanne riet mir, auf einen Vorschlag der schwedischen Regierung einzugehen. Die Schweden beabsichtigten, eine bestimmte Anzahl Überlebender ins Land zu holen, um sie dort gesund zu pflegen. Ich soll zu dieser Gruppe gehören. Vor der Abreise fragte Schwester Suzanne mich, ob ich Familienangehörige im Ausland habe. Ich sagte ihr, dass Zygmunt Sztrauch, der Bruder meines Vaters, vor dem Krieg in Frankreich gelebt hat, in Paris. Mehr konnte ich ihr nicht berichten. Das Blatt Papier, auf dem meine Mutter sorgfältig die Adressen von Familienmitgliedern, Freunden und denjenigen Leuten notiert hatte, denen sie unsere Wertgegenstände anvertraut hatte, ist verloren gegangen, ich weiß weder wann, noch wo. Mit Bedauern nahm ich von Schwester Suzanne Abschied. Ich versuchte noch herauszufinden, was aus meinen beiden Nachbarinnen in der Baracke geworden war. Den Informationen zufolge, die ich bekam, haben sie nicht durchgehalten. Ich bin die einzige Überlebende.

Es war mir also nicht gelungen, jemanden zu retten, ich bin gerade selbst mit knapper Not davongekommen. Von allen Familienangehörigen, von denen ich auf diesen Seiten berichte, haben nur Zygmunt Friede und meine Cousine Sabine Mann überlebt. Sie war von den überstandenen Leiden stark gezeichnet. Sabine hat niemals mehr die Energie zurück gewonnen, die so typisch für sie war. Nur ihre natürliche Güte hatte den Ereignissen Stand gehalten. Ihre letzten Lebensjahre – sie ist vor kurzem gestorben – waren sehr durch den Krieg geprägt. Sie machte all die Angst nochmals durch, die sie beim Einmarsch der Deutschen erlebt hatte, die sie bedrohten. So ist sie ihnen doch nicht vollständig entkommen, und ihre Enkelkinder erlebten nur noch den gespenstischen Anblick ihrer leidenden Großmutter.

Mit einem Schlag wird mir klar, welches Opfer meine Eltern gebracht haben. Als ich das erste Mal vom Typhus genas, starb mein Vater. Als ich die entsetzliche Typhus-Krankheit zum zweiten Mal überstanden hatte, ging meine Mutter aus dieser Welt. In meiner Vorstellung gab es daran keinen Zweifel mehr.

Zum 50. Jahrestag der Befreiung des Lagers fuhr ich nach Bergen-Belsen. Die Fahrt ging über Land. Was für eine schöne friedliche Gegend. Vor den Fenstern zogen Wälder vorbei, Dörfer und Häuser mit Gärten, in denen Kinder spielten. Ich fragte mich: Wie haben die Menschen, die damals hier lebten, nur all das Furchtbare zulassen können, das vor ihrer Tür begangen wurde? Was mochten sie ihren Kindern erzählt haben, dass diese Steine nach uns warfen?! Nur die Situation, in der sich vor langer Zeit die schwarzen Sklaven aus Afrika befanden, erscheint mir annähernd ähnlich.

Auf der Insel Gorée ist in einem schönen großen Bürgerhaus ein bestürzendes Museum eingerichtet worden. Seinerzeit lebten dort ganz ruhig und normal Familien mit Kindern, die sich amüsierten und fröhlich lachten. Diese Familien bewohnten die oberen Stockwerke, während im Untergeschoss die schwarzen Sklavinnen und Sklaven eingesperrt waren, die dann in die Sklavenschiffe gepfercht wurden. Der Leiter des Museums hatte offensichtlich dasselbe Bild vor Augen wie ich, denn auf die Bilder vom Leben der Sklaven folgen Fotos aus den Konzentrationslagern.[13] Bergen-Belsen gehörte zu den wenigen Lagern, in denen die industriell betriebene Ausrottung

13 Die Insel Gorée mit der Gedenkstätte *Maison des Esclaves* („Sklavenhaus“) liegt nahe vor der Küste bei Dakar/Senegal. Der damalige Chefkonservator, Boubacar Joseph Ndiaye, besuchte 1992 während einer Vortragsreise in Deutschland auch Bergen-Belsen und tauschte sich mit dem Leiter des Gedenkstättenreferats (damals innerhalb der Niedersächsischen Landeszentrale für politische Bildung) aus. Dabei berichtete er, dass er selbst im Zweiten Weltkrieg als Fallschirmspringer bei den für Frankreich kämpfenden senegalesischen Kolonialtruppen an der Befreiung der Bodensee-Region beteiligt war.

nicht mehr nötig war. Hunger, Durst und Krankheiten erledigten das systematisch ganz von allein.

Das letzte Bild von Bergen-Belsen, das ich wahrnehme, ist ein LKW, auf den weibliche Wehrmachtsangehörige klettern. Der britische Soldat reicht ihnen die Hand, um ihnen zu helfen. Die Engländer, die uns befreit haben, sind wieder an die Front geschickt worden. Vermutlich fürchtete man sich vor ihrer Reaktion gegenüber den „armen" Deutschen. Die britischen Soldaten, die als Ablösung gekommen sind, haben eine entschieden andere Sicht der Dinge.

Abreise und Rekonvaleszenz in Schweden

Man brachte mich auf ein Schiff nach Schweden. Zu meinem Leidwesen war es ein deutsches Schiff, und mein einziger Trost bestand darin, dass das Personal aus Schweden war. Seit ich dem Krankenpfleger, der sich um mich kümmert, erklärt hatte, dass ich die schwedische Literatur liebe, Selma Lagerlöf, Björn Björnsen usw., hatte ich in ihm einen Freund gewonnen. Er kümmerte sich um mich und war immer darauf bedacht, mir einen Gefallen zu tun.

Aber jetzt kam ein neues Desaster: Mein Körper, vor allem aber meine Unterarme überzogen sich mit weißen Pusteln mit einer Flüssigkeit darin. An Bord gab es nur einen deutschen Arzt. Er musste etwas unternehmen, um die Geschwüre zu öffnen und zu desinfizieren. Er ging mit einer Schere ans Werk, und obwohl ich normalerweise schmerzunempfindlich bin, begann ich laut zu schreien. Niemals mehr sollte ein Deutscher mich berühren. Der Krankenpfleger, der mir die Hand hielt, musste seine ganze Überzeugungskraft einsetzen, bis ich den Arzt an mich heran ließ. Sobald die Geschwüre behandelt waren, heilten sie rasch ab.

Da ich zu schwach zum Gehen war, bat ich um Bücher. Leider konnte ich noch kein Schwedisch lesen. Ich war eine der jüngsten Überlebenden, aber auch eine der kränksten. Oft kamen mich andere junge Frauen besuchen und erkundigten sich, wie es mir ging. Meine Jugend und mein Gesundheitszustand rührten sie.

Als ich mich mit einer von ihnen unterhalte, frage ich sie, woher sie kommt und wie sie heißt. Sie heißt Hanka Sercarz. Sofort rufe ich: „Da bist Du ja mit mir verwandt!" Tatsächlich sind wir den Erinnerungen meines Vaters zu

Folge mit allen Leuten dieses Namens verwandt. Da ist es dann selbstverständlich, dass wir beschließen, zusammen zu bleiben. Hanka ist ein paar Jahre älter als ich, und da es ihr besser geht als mir, wird sie auf mich aufpassen.

Wir kamen nach Norrköping, dort war ein Krankenhaus eingerichtet worden, in dem wir gepflegt werden sollten. Ich wurde auf eine Bahre gelegt, und ein Krankenwagen brachte mich hin. Bevor die rückwärtige Tür geschlossen wurde, sah ich den blauen Himmel und Bäume, die mir zulächelten. In diesem Augenblick wurde ich zum zweiten Mal geboren.

Ich erfahre, dass Schweden den Deutschen im Krieg Stahl geliefert hat und sich jetzt von dieser Schuld loskaufen will. Ich aber sehe nur die Bevölkerung, die uns empfängt, die Männer und Frauen, die uns mit offenen Armen aufnehmen. Gegenüber von unseren Fenstern sind Arbeiter auf einer Baustelle. Sie sehen uns durch die Scheiben. Wir sind sehr erstaunt, als eines Tages eine riesige Kiste in unseren Raum gebracht wird. Als wir sie öffnen, finden wir darin Kuchen, Schokolade, Obst usw. Die Bauarbeiter haben zusammengelegt, um uns diese Geschenke zu machen. Wir danken ihnen überschwänglich und schwenken die Leckereien vor dem Fenster. Danach bekamen wir viel Besuch, vor allem von Frauen. Sie stellten uns Fragen und wiegten den Kopf.

Eine ziemlich kräftige große junge Frau ging auf mich zu. Wir versuchten uns so gut es ging zu verständigen, auf Deutsch. Ich hätte das gern vermieden, aber es war nicht möglich. Schwedisch ist auch eine germanische Sprache. Die junge Frau besuchte mich öfters und brachte sogar eine Freundin mit.

Eines Tages lädt sie mich zu sich ein, und ich nehme das gern an. Ich kann schon wieder umhergehen. Zu ganz langen Spaziergängen reicht es noch nicht, aber immerhin. Dies soll mein erstes Ausgehen seit dem Krieg sein. Ich frage im Krankenhaus um Erlaubnis und bekomme sie natürlich.

Brigitt, so heißt meine schwedische Freundin, holt mich mit dem Auto ab. Nach einer Weile fahren wir über Land. Wir kommen auf ein großes Gut, wo uns ihre Eltern erwarten. Gerührt sehen sie mich an. Ihre Tochter hat zweifellos viel von mir erzählt. Ich bin gleich alt wie Brigitt, aber was für ein Unterschied! Sie ist groß, ziemlich kräftig, mit fülligem kastanienbraunem Haar. Sie wirkt riesengroß neben einem blassen kleinen noch sehr mageren Wesen, dessen Kopf flaumig ist wie der eines Kükens.

Ich soll den Hof besichtigen. Das Tor eines Gebäudes geht auf, und ein paar Hundert rosige Ferkel rennen auf mich los. Glücklicherweise braucht es zwar mehr, um mir Angst einzujagen, aber für ein junges Mädchen aus der Stadt ist diese Erfahrung doch überraschend. Weder die kleinen noch die etwas größeren Ferkel haben mich gefressen, sie haben mich nur etwas geschubst. Ich kann die übrigen Teile des Hofes bewundern, und dann gehen wir ins Haus zurück.

Das Essen ist fertig. Ich finde mich einem riesigen Schinkenomelett aus mindestens acht Eiern gegenüber. Lächelnd erklärt mir die Hausfrau, das solle mich wieder zu Kräften bringen. Zärtlich legt sie ihre Hand auf meinen spindeldürren Arm und streichelt ihn leicht. Zurück im Krankenhaus bin ich fest entschlossen, rasch zuzunehmen. Tatsächlich lege ich vier Kilo pro Woche zu und werde ziemlich pummelig. Nie wieder will ich Mitleid erregen.

Mit Behandlungen und Besuchen vergehen die Tage ziemlich schnell, aber die Nächte sind noch sehr schwer. Noch Jahre lang schrecke ich aus dem Schlaf hoch. Jede Nacht verfolgt mich ein riesiger Karren voll grell geschminkter Leute. Kein einziges Gesicht ist deutlich zu erkennen. So schnell ich kann, renne ich durch die Straßen, über Brücken und Hügel, aber der Karren verfolgt mich unablässig. Zum Glück holt er mich nie ein. Aber ich wache erschöpft und angsterfüllt auf.

In der Zwischenzeit hatte sich Brigitts Familie beraten und schlug vor, mich zu adoptieren. In dem Augenblick, als die rosigen Ferkel mich überrannten, hatte ich offensichtlich die Aufnahmeprüfung bestanden. Ich erklärte meiner jungen Freundin, dass ich zu allererst wieder ganz gesund werden müsste. Wir wurden nach Lövstabruk geschickt, in ein entzückendes Dorf. Ich nahm Fotos von Brigitts gesamter Familie mit und bat sie, meine Rückkehr abzuwarten.

Die Perspektive: Paris!

Unmittelbar vor der Abreise gibt es eine tolle Neuigkeit. Ich bekomme ein Telegramm, dass mein Onkel und seine Familie leben und gerade wieder nach Paris zurückgekehrt sind. Schwester Suzanne hat sie im Telefonbuch ausfindig gemacht. Sie hat angerufen und jemanden erreicht.

Als ich sie später in Paris besuchte, fiel sie bei meinem Anblick auf die Knie. Sie betete eine ganze Weile, bevor sie mich betrachtete und mich zu berühren wagte. Sie traute ihren Augen nicht und betastete meine Arme und mein Gesicht. Der lebende Leichnam, der ihr zur Pflege anvertraut worden war, hatte sich in eine lächelnde etwas pummelige junge Frau mit fülligem braunem Haar, rosigem Teint und natürlich immer noch blauen Augen verwandelt. Ich bin sicher, dass sie in meiner Metamorphose ein Wunder sah.

Zur selben Zeit wie das Telegramm kam eine postalische Geldanweisung von meinem Onkel. Danach bekam ich noch einen Brief. Ich überlegte: Was brauchte ich denn? Ich hatte doch alles. Ich hatte zwei Kleider, einen Mantel, Schuhe und etwas Wäsche geschenkt bekommen. Hanka und ich überlegten gemeinsam. Auch sie hatte einen Onkel wieder gefunden, der in Belgien lebte. Wir beschlossen, mir ein Nachthemd zu kaufen, das ich wirklich gern haben wollte, ich weiß nicht, warum. Ich wollte Hanka etwas Geld da lassen, meinem Schutzengel und meiner lieben Freundin.

Mehr als die Hälfte des Geldes sollte dazu dienen, Dinge zu besorgen, an denen es in Frankreich mangelte und die ich aus Schweden schicken konnte. Ich hatte mich erkundigt und erfahren, dass die Franzosen im Krieg gelitten hatten und die Juden dort auch verfolgt worden waren.

Besonders schwierig aufzutreiben waren in Frankreich Nylonstrümpfe, Schokolade, Kaffee und Seife. Also ging ein großes Paket mit all diesen Dingen nach Paris, und ich erntete aufrichtigen Dank.

In meinen Briefen schrieb ich, ich könne mir vorstellen, mit welchen Problemen die Familie meines Onkels bei ihrer Rückkehr nach Paris kämpfen müsse. Ich selbst jedoch wolle vor allem meine Ausbildung beenden und dann in der chemischen Forschung arbeiten. Für eine Kriegswaise war es nicht sehr schwer, eine Zuflucht in Schweden, Polen oder Israel zu finden. Es war geplant, dass ich in Schweden wieder zur Schule gehen würde, um mich aufs Abitur vorzubereiten. Die Antwort meines Onkels bestand jedoch in einer kategorischen Ablehnung: Ein junges Mädchen von 16 Jahren könne nicht allein sein, weit entfernt von seiner Familie. Nach meiner Rekonvaleszenzzeit in Lövstabruk, einem bezaubernden Dorf, in dem es eine der berühmtesten Orgeln Europas gibt, fuhr ich nach Frankreich, wie es meine Mutter und ich selbst es erträumt hatten.

Gerade merke ich, dass ich ein ziemlich schmeichelhaftes Selbstportrait gezeichnet habe, aber seit dem Krieg ist niemand von meiner Familie mehr da, der mir widersprechen könnte.

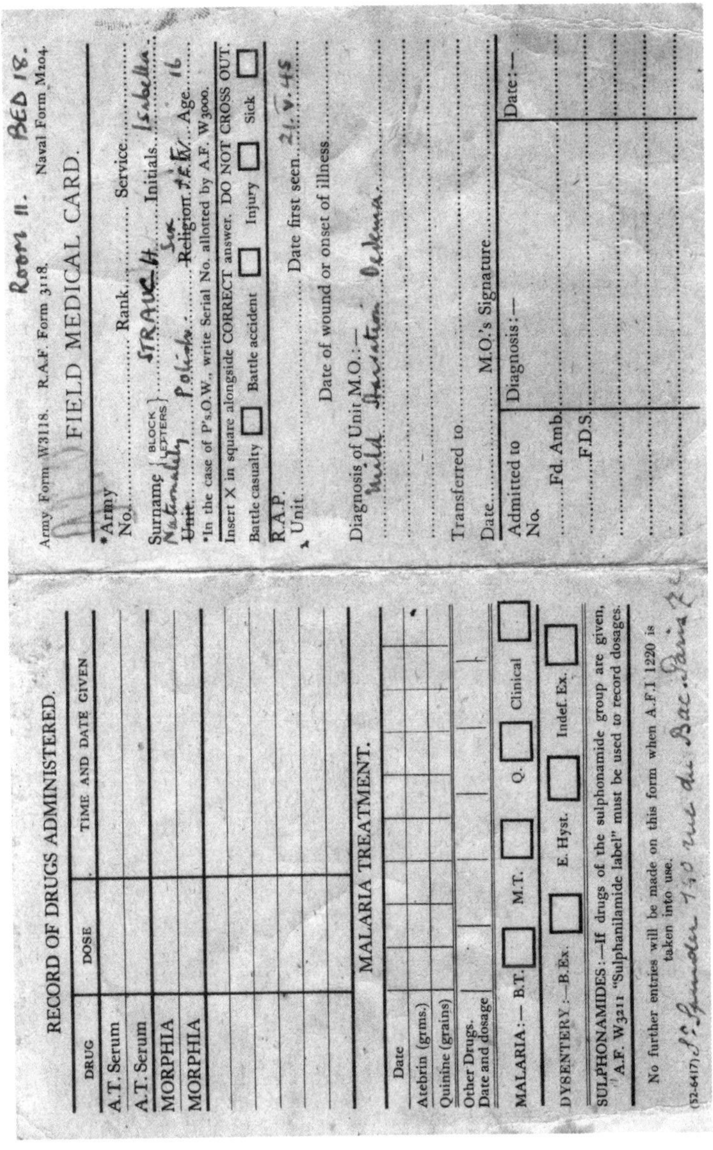

Army Form W3118. R.A.F. Form 3118. Naval Form M.204.

Room 11. BED 18.

FIELD MEDICAL CARD.

*Army No. .... Rank. .... Service. ....

Surname (BLOCK LETTERS) STRAUCH Initials. Isabella

Nationality Polish Sex Religion Jew Age 16

*In the case of P's.O.W., write Serial No. allotted by A.F. W3000.

Insert X in square alongside CORRECT answer. DO NOT CROSS OUT.

Battle casualty ☐ Battle accident ☐ Injury ☐ Sick ☐

R.A.P. Unit. .... Date first seen 21. V. 45

Date of wound or onset of illness. ....

Diagnosis of Unit M.O.:— mild Starvation Oedema

Transferred to. ....

Date. .... M.O.'s Signature. ....

Admitted to No.	Diagnosis:—	Date:—
Fd. Amb.		
F.D.S.		

RECORD OF DRUGS ADMINISTERED.

DRUG	DOSE	TIME AND DATE GIVEN
A.T. Serum		
A.T. Serum		
MORPHIA		
MORPHIA		

MALARIA TREATMENT.

Date				
Atebrin (grms.)				
Quinine (grains)				
Other Drugs. Date and dosage				

MALARIA:— B.T. ☐ M.T. ☐ Q. ☐ Clinical ☐

DYSENTERY:— B.Ex. ☐ E. Hyst. ☐ Indef. Ex. ☐

SULPHONAMIDES:—If drugs of the sulphonamide group are given, A.F. W3211 "Sulphanilamide label" must be used to record dosages.

No further entries will be made on this form when A.F.I. 1220 is taken into use.

S. Spender 130 rue du Bac Paris 7e

(52-6417)

Außenseite der Krankenkarte aus Bergen-Belsen mit Eintragungen von Schwester Suzanne Spender (vgl. S. 95 f.)

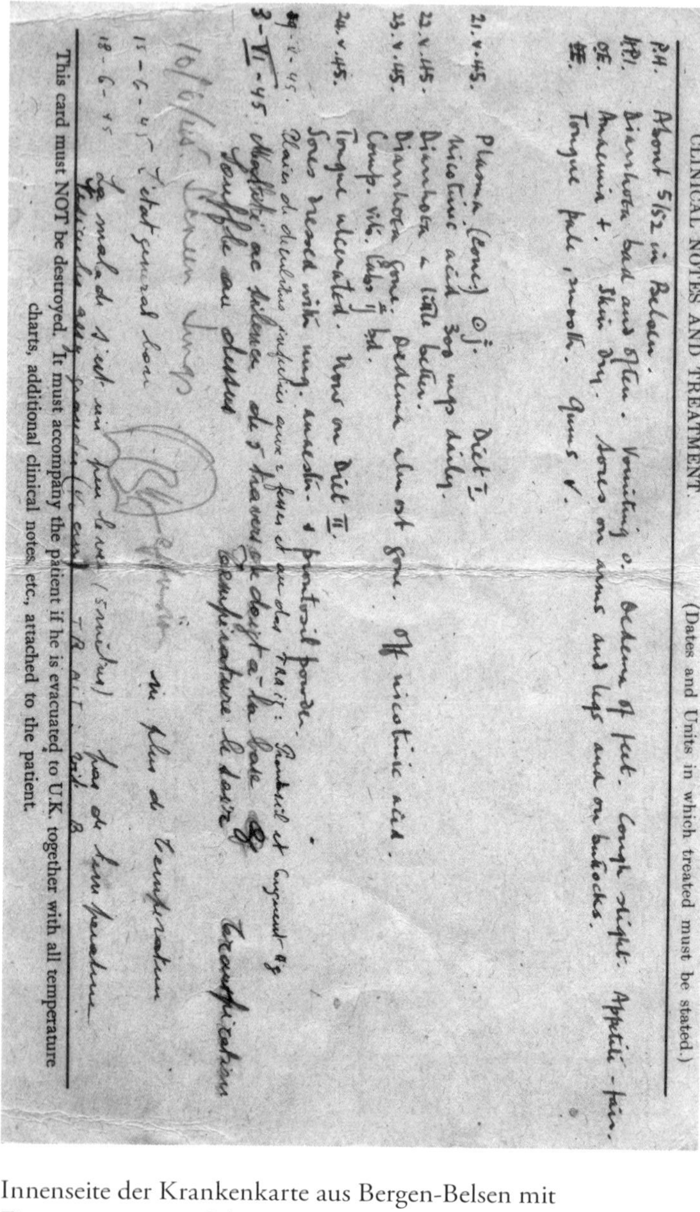
CLINICAL NOTES AND TREATMENT. (Dates and Units in which treated must be stated.)

This card must NOT be destroyed. It must accompany the patient if he is evacuated to U.K. together with all temperature charts, additional clinical notes, etc., attached to the patient.

Innenseite der Krankenkarte aus Bergen-Belsen mit Eintragungen von Schwester Suzanne Spender (vgl. S. 95 f.)

Mein zweites Leben

Vorbemerkung

Warum von einem „zweiten Leben“ berichten? Ist es denn überhaupt möglich, nach dem Tod das Leben neu aufzubauen?

Wie sollte es möglich sein, dieses zweite quasi normale Leben zu führen, nachdem der Bericht „Mein erstes Leben“ so tragisch geendet hat, ein so dichter und gefühlsgeladener Bericht, wie ihn nur zu formulieren versuchen kann, wer selbst überlebt hat?

Zugegeben, meine eigene Idee war es nicht.

Madame P., die als erste meinen Bericht gelesen hatte, gab ihn einigen Schülerinnen und Schülern zu lesen, und ich hatte sie gebeten, mir deren Reaktion mitzuteilen. Sehr zögerlich berichtete sie mir von der ziemlich heftigen Reaktion einer jungen Frau: „Und dann lässt sie einen ohne ein richtiges Ende einfach hängen!“

Diese Reaktion machte mich nachdenklich. Was hatte die junge Frau sagen wollen? Dass eine Fortsetzung fehlte? Oder dass sie wissen wollte, wie es für mich nach Bergen-Belsen weitergegangen war? Ganz klar: Wenn eine junge Frau ihre Lebensgeschichte abschließt, ohne das Geringste erreicht zu haben, außer eben dass sie überlebt hat, dann kann man wohl sagen, dass das kein „richtiges“ Ende ist. Hinzu kam, dass mir bei meinen vielen Schulbesuchen als Zeitzeugin oft Fragen über mein heutiges Leben gestellt wurden.

Eines Tages war ich gebeten worden, an einem ungewöhnlichen Ort als Zeitzeugin zu berichten, in einem breiten Gang im Rathaus des 3. Arrondissements,[14] wo eine große Ausstellung über den Zweiten Weltkrieg gezeigt wurde. Obwohl immer wieder Besucherinnen und Besucher des Rathauses vorbeigingen, hörten die Kinder mir mit großer Aufmerksamkeit zu. Ich hatte mich mit meinem Vortrag auf dieses sehr junge Publikum – Elf- bis Dreizehnjährige – eingestellt, und der Lehrer hatte mich ganz großartig unterstützt. Ich hatte ihn gebeten, den Kindern die Zusammenhänge in Erinnerung zu rufen, in denen dieser Krieg begonnen hatte: der Aufstieg des Nationalsozialismus, die Propaganda und die ersten antijüdischen, rassistischen und fremdenfeindlichen Maßnahmen.

Anschließend hatte ich von meiner Kindheit erzählt und vom Krieg, der gerade zu meinem elften Geburtstag begonnen hatte, und wie tragisch es weitergegangen war. Obwohl ich mit einigen optimistischen Bemerkungen geendet hatte, waren die Kinder eher bedrückt weggegangen, einige mit Tränen in den Augen.

Ein paar Minuten später kamen sie zu mir zurück gerannt und bestürmten mich mit ihren Fragen: „Wie alt sind Sie? Haben Sie Kinder, haben Sie Enkelkinder? Was haben Sie nach dem Krieg gemacht? Was machen Sie heute?“

Hier also meine Antwort.

---

14 Bezirk im Stadtzentrum von Paris.

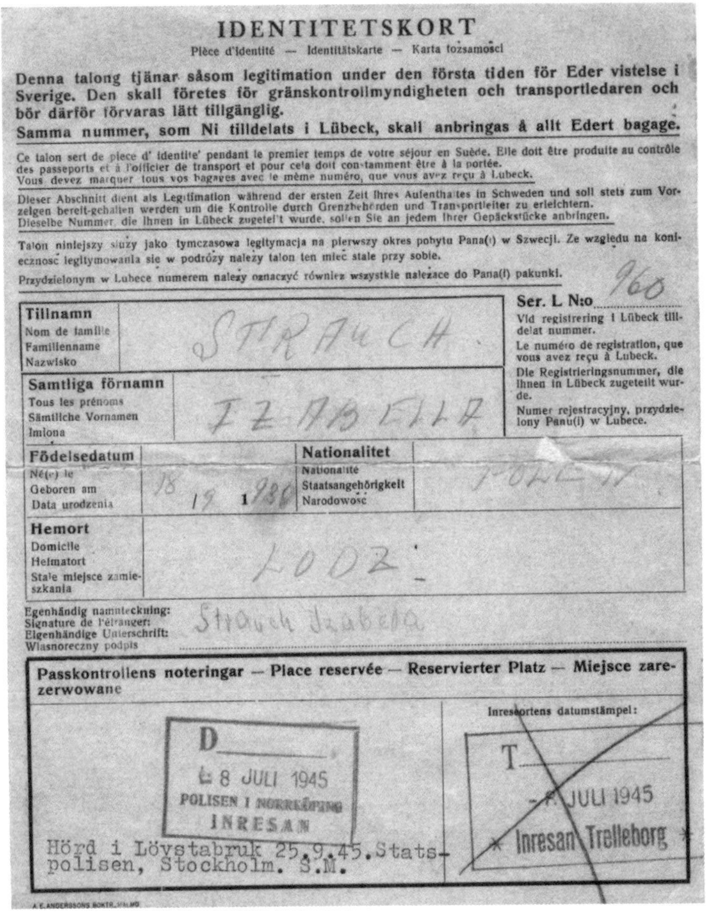

IDENTITETSKORT

Pièce d'identité — Identitätskarte — Karta tożsamości

Denna talong tjänar såsom legitimation under den första tiden för Eder vistelse i Sverige. Den skall företes för gränskontrollmyndigheten och transportledaren och bör därför förvaras lätt tillgänglig.
Samma nummer, som Ni tilldelats i Lübeck, skall anbringas å allt Edert bagage.

Ce talon sert de pièce d' identité pendant le premier temps de votre séjour en Suède. Elle doit être produite au contrôle des passeports et à l'officier de transport et pour cela doit constamment être à la portée.
Vous devez marquer tous vos bagages avec le même numéro, que vous avez reçu à Lubeck.

Dieser Abschnitt dient als Legitimation während der ersten Zeit Ihres Aufenthaltes in Schweden und soll stets zum Vorzeigen bereit-gehalten werden um die Kontrolle durch Grenzbehörden und Transportleiter zu erleichtern.
Dieselbe Nummer, die Ihnen in Lübeck zugeteilt wurde, sollen Sie an jedem Ihrer Gepäckstücke anbringen.

Talon niniejszy służy jako tymczasowa legitymacja na pierwszy okres pobytu Pana(i) w Szwecji. Ze względu na konieczność legitymowania się w podróży należy talon ten mieć stale przy sobie.
Przydzielonym w Lubece numerem należy oznaczyć również wszystkie należące do Pana(i) pakunki.

Ser. L N:o 960
Vid registrering i Lübeck tilldelat nummer.
Le numéro de registration, que vous avez reçu à Lubeck.
Die Registrierungsnummer, die Ihnen in Lübeck zugeteilt wurde.
Numer rejestracyjny, przydzielony Panu(i) w Lubece.

Tillnamn / Nom de famille / Familienname / Nazwisko	STRAUCH
Samtliga förnamn / Tous les prénoms / Sämtliche Vornamen / Imiona	IZABELLA
Födelsedatum / Né(e) le / Geboren am / Data urodzenia	18 / 19 1930
Nationalitet / Nationalité / Staatsangehörigkeit / Narodowość	POLEN
Hemort / Domicile / Heimatort / Stałe miejsce zamieszkania	LODZ

Egenhändig namnteckning: / Signature de l'étranger: / Eigenhändige Unterschrift: / Własnoręczny podpis: Strauch Izabela

Passkontrollens noteringar — Place reservée — Reservierter Platz — Miejsce zarezerwowane

D
8 JULI 1945
POLISEN I NORRKÖPING
INRESAN

Inreseortens datumstämpel:

T.
JULI 1945
Inresan Trelleborg

Hörd i Lövstabruk 25.9.45. Statspolisen, Stockholm. S.M.

A. E. ANDERSSONS BOKTR. MALMÖ

Personalausweis, ausgestellt in Schweden, Vorderseite

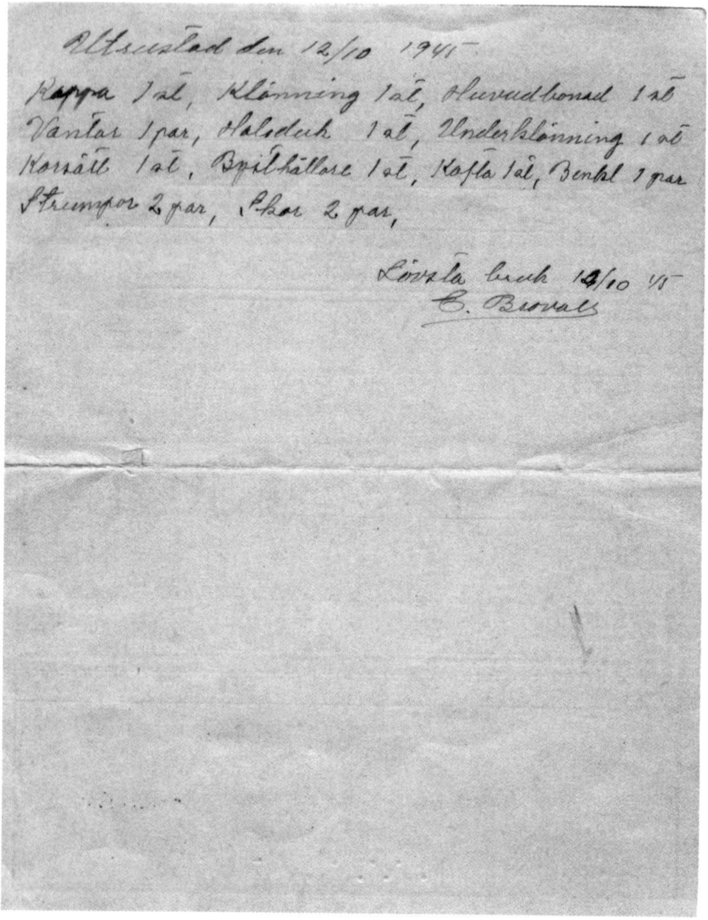

Utrustad den 12/10 1945

Kappa 1 st, Klänning 1 st, Huvudbonad 1 st
Vantar 1 par, Halsduk 1 st, Underklänning 1 st
Korsätt 1 st, Byxhållare 1 st, Kofta 1 st, Benkl 1 par
Strumpor 2 par, Skor 2 par,

Lövsta bruk 12/10 45
C. Bervall

Personalausweis, ausgestellt in Schweden, Rückseite

Im Krankenhaus in Norrköping

Ich brauchte neun Monate... Es war in Schweden, und es war die Zeit, die ein völlig unförmiger Körper brauchte, um wieder zu einer jungen Frau zu werden. Diese seltsame Wiedergeburt ereignete sich ohne Vater und Mutter, an einem unbekannten Ort und in einer fremden Umgebung. Ich öffnete neu wieder die Augen, ich lernte wieder Laufen und Essen und ich lernte Schwedisch. Im Krankenhaus in Norrköping sah ich, wie mein Körper ganz allmählich wieder anfing, sich zu rühren und sich von den Ekzemen und allen möglichen Krankheiten zu befreien, nur das Loch in meinem Oberschenkel schloss sich nicht, sondern blieb als unvergessliches sichtbares Andenken erhalten. In den Blicken der Anderen bemerkte ich Mitleid, und es war mir unerträglich. Sehr bald beschloss ich, dass aus meinen 25 Kilo, die die Waage in Bergen-Belsen angezeigt hatte, wieder ein normales Gewicht werden sollte. Aber was war „normal" für eine junge Frau von 16 Jahren?! Da ich keine Vergleichsmöglichkeit hatte, tat ich des Guten zu viel. Jede Woche nahm ich vier Kilo zu und wurde sichtlich immer runder, bis auf meine Arme, die nicht Schritt halten wollten. Zum Glück brach ich diesen Wettbewerb wieder ab, als ich mich mit den jungen Schwedinnen verglich, die zu Besuch ins Krankenhaus kamen. Meine Haare, die mir nach der Typhuserkrankung ausgefallen waren, wuchsen langsam wieder zu einem zarten Flaum, der im Lauf der Zeit immer dichter wurde. Während mein Körper sich regenerierte, lernte ich von neuem zu leben. Im Juni 1945 war ich auf einer Tragbahre nach Schweden gekommen, und im Februar 1946 verließ ich das Land wieder, aufrechten Ganges, um nach Frankreich zu fahren. In Schweden hatte ich eine Familie gefunden, die mich gern adoptiert hätte, und eine weitere, die mich mit offenen Armen aufnahm. Es gab auch einen jungen Mann, der sich wünschte, ich solle in Schweden bleiben, in Lövstabruk –

aber ich fand keine Spur meiner Familie und meines „ersten“ Lebens.

Meine Eltern, meine Großmutter, meine Onkel und Tanten, meine Verwandten – sie alle waren aus dieser Welt ausgelöscht worden, als hätten sie niemals gelebt. Hanka Sercarz, eine Verwandte, die ich vor dem Krieg nicht gekannt hatte, war als einzige dort. Im ersten Teil meiner Lebensgeschichte habe ich berichtet, wie mein Vater sagte: „Alle Sztrauchs und alle Sercarzs sind miteinander verwandt.“ Nach der endlosen Leere entdeckte ich eine neue Welt mit neuen Gesichtern. Aber zuvor...

Die Tür wird zugemacht und der Krankenwagen fährt los, aber ich kann nichts sehen. Plötzlich hält der Wagen an, ich höre Stimmen, die beiden Türen werden geöffnet und lächelnde Gesichter tauchen auf. Ich entdecke die Welt aus ungewohnter Perspektive. Ausgestreckt auf einer Tragbahre erblicke ich zuerst den Himmel und die Baumkronen und erst dann die Männer und Frauen in weißen Kitteln. Sie reden in einer komischen Sprache mit mir, aber Dank des Krankenpflegers auf dem Schiff habe ich bereits die Gelegenheit gehabt, mit dem Schwedischen etwas vertraut zu werden. Einige sprechen Deutsch, das wegen seiner germanischen Wurzeln mit dem Schwedischen ziemlich eng verwandt ist. Man brachte mich in ein Krankenhaus, das für uns provisorisch eingerichtet worden war. Für uns, die zahlreichen Deportierten, die Schweden aufgenommen hat, um sich ein gutes Gewissen zu verschaffen – nachdem man zuvor, während des Krieges, die Deutschen mit Stahl beliefert hatte, hieß es. Ich bekomme ein Bett mit weißen Laken, und ich glaube, es hat auch in Bergen-Belsen[15] schon welche gegeben, aber

15 Nach der Befreiung, im provisorischen Krankenhaus im Kasernenbereich.

erst jetzt, hier, bin ich imstande, sie wirklich zu schätzen, sie anzufassen und zu fühlen.

Für den nächsten Tag wurde uns die Visite des für unsere Abteilung verantwortlichen Arztes angekündigt. Er kam auf mich zu, die Krankenschwestern um ihn herum, betrachtete den Bericht seiner Kollegen aus Bergen-Belsen, erteilte einige Anweisungen und setzte seine Visite fort. Am nächsten Tag hielt sich dieses ganze Grüppchen länger an meinem Bett auf, und ich hörte, wie die Krankenschwestern mit einem tiefen Seufzer „jaha, jaha" sagten. Wenn mein Los derart bejammert wurde, musste ich wirklich sehr schlecht beieinander sein. Dann betrachtete der Arzt meine Fieberkurve und sagte mehrmals: „curva, curva", was im Polnischen „Prostituierte" heißt. Da war es mit unserer Selbstbeherrschung vorbei, und prustend vor Lachen antworteten wir: „Sie sind alle im Bett". (Das war das erste Mal, dass ich gelacht habe – seit wie langer Zeit!) Schließlich und endlich schien mein Zustand doch nicht gar so katastrophal zu sein.

Nachdem Typhus, Ruhr, Rippenfellentzündung und Ekzeme ausgeheilt waren, konnte ich endlich Nahrung bei mir behalten, ich wurde gepflegt, und es ging mir immer besser. Nach ein paar Tagen akklimatisierten wir uns in unserem Krankenhaus in Norrköping. Die jungen Mädchen und Frauen in meinem Zimmer waren alle älter als ich. Auf der anderen Straßenseite sahen wir ein Baugerüst, und welche Überraschung, als die Handwerker, die dort arbeiteten, uns ein riesengroßes Paket schickten! (Ich habe das schon im ersten Teil berichtet). Meine Kameradinnen eilten ans Fenster und winkten zum Dank mit den Handtüchern, aber ich konnte noch nicht laufen, abgesehen von einigen zögerlichen Schritten jeden Morgen. Laufen fiel mir immer noch sehr schwer, ich musste es neu wieder lernen. Meine Verwandte Hanka besuchte mich jeden Tag.

Sie war im Krankensaal nebenan untergebracht, mit Frauen, denen es besser ging. Ich bekam auch anderen Besuch, junge Frauen sprachen mit mir und sorgten sich um meine Gesundheit, denn ich war eine der jüngsten und kränksten Überlebenden. Außer mir war nur ein gerade vierzehnjähriges Mädchen dort, sonst kannte ich niemanden.

Nach und nach kamen uns immer mehr schwedische Familien besuchen, vor allem aber Frauen. Langsam begann ich auch in andere Säle zu gehen und erkundigte mich meinerseits nach dem Zustand der anderen Kranken. So erfuhr ich, dass in einem Krankensaal neben meinem die lungenkranken Frauen untergebracht waren, die leider nur geringe Überlebenschancen hatten. Für viele von ihnen war es zu spät. Das fand ich ganz furchtbar. Sie hatten all dieses Grauen überlebt, und jetzt, da die Welt wieder so schön war, sollten sie sterben. Tief traurig verließ ich diesen Saal wieder, das konnte doch nicht wahr sein, ganz sicher würden die Ärzte die richtigen Medikamente finden, um sie zu heilen. Völlig bestürzt kehrte ich wieder zu meinem Bett zurück, aber ich weinte nicht, noch immer hatte ich keine Tränen.

Zu diesem Zeitpunkt beschränkte sich mein materieller Besitz auf mein Krankenhaushemd und mein Kettchen, das Andenken an Schwester Suzanne Spender. Aber schon wartete eine Überraschung auf mich, denn ich bekam ein warmes Kleid mit Karomuster geschenkt, einen Mantel und Schuhe und Strümpfe. Ich würde mich anziehen und ausgehen und vielleicht sogar einen Spaziergang außerhalb des Krankenhauses machen können. Schon seit einiger Zeit konnte ich mich wieder allein waschen und mir selbst die Zähne putzen. Letztere machten mir schon keine Sorgen mehr, denn obwohl sie lange gewackelt hatten, waren sie doch brav an ihrem Platz geblieben. Meine Brüste nahmen langsam wieder Form an. Endlich konnte ich mich wieder im Spiegel betrachten ohne entsetzt aufzuschreien.

Isabelle (links) und die vierzehnjährige Marysia,
Ende August / Anfang September 1945

Während der Besuchszeit empfing ich jetzt immer öfter Brigitt. Sie kam allein oder mit einer Freundin. Sie stellte fest, welche Fortschritte meine Gesundheit machte, und schlug vor, ich solle sie zu Hause besuchen. Im ersten Teil meines Berichts habe ich diesen denkwürdigen Besuch ausführlich beschrieben. Die Familie bekräftigte ihren Wunsch, mich zu adoptieren, aber ich hatte beschlossen, meine Rekonvaleszenz allein zu beenden, ohne irgendwelche Verpflichtungen. Als die anfängliche Versorgung, die ich im Krankenhaus in Norrköping in so reichem Maß erhalten hatte, nach drei Monaten beendet war, wurden wir nach Lövstabruk geschickt.

Rekonvaleszenz in Lövstabruk

Das Dorf war voller Charme, es gab ein Schloss in einem Park, eine Kirche und viele kleine Häuser. Für den weiteren Verlauf unserer Genesung wurden wir in einer Familienpension untergebracht, etwa dreißig junge Mädchen und Frauen aus allen Himmelsrichtungen, aus Ungarn, Rumänien, Polen usw. Untereinander sprachen wir Deutsch, nur sehr ungern, aber es war die einzige Sprache, in der wir uns miteinander verständigen konnten. Ich hatte aber auch schon angefangen, Schwedisch zu lernen.

Die wichtigste Person in meinen Erinnerungen an Lövstabruk ist nach wie vor der Pastor. Manchmal glaube ich, falls ich eines Tages gläubig geworden wäre, hätte ich die protestantische Religion angenommen. Der Pastor war nicht groß, und der Grund dafür war sein Buckel. Wie durch ein Wunder verschwand sein Buckel, sobald er zu sprechen begann. Seine Frau und seine Kinder waren ganz reizend. Sein Bild ist für mich aber bis heute mit seiner Bibliothek verbunden, deren Umfang beeindruckend war. Dieser Mann, der sich durch eine hohe Intelligenz und einen äußerst eklektischen Geist auszeichnete, öffnete für uns die Türen seines Dorfes. Er lud uns zu allen Feiertagen ein, die in der Kirche begangen wurden, und dort konnten wir auch eine der berühmtesten Barock-Orgeln Europas bewundern. Obwohl wir Jüdinnen waren – aber eigentlich weiß ich nicht einmal, ob alle meine Kameradinnen Jüdinnen waren – waren wir in diesem Gotteshaus jederzeit willkommen. Der Pastor ließ es nicht bei einem warmherzigen Empfang bewenden, sondern er wollte uns auch mit der örtlichen Bevölkerung in näheren Kontakt bringen.

Er hatte die Idee, wir könnten unter seiner Regie ein Stück aufführen. Ohne Zweifel hatte er aus den zahlreichen Gesprächen mit uns herausgehört, dass in unserer Gruppe einige künstlerische Talente schlummerten. Tatsächlich übten wir eine internationale Show ein. Als die beiden Polinnen aus der Gruppe tanzten Hanka und ich den Krakówiak in Folklorekostümen. Danach rezitierte ich Gedichte von Tuwim und Sienkiewicz, zwei berühmten polnischen Schriftstellern und Dichtern. Unsere ungarischen Freundinnen führten eine richtige Oper auf, und alle übrigen beteiligten sich je nach ihren Möglichkeiten an dem Schauspiel. Die lokale Presse machte uns ihre Aufwartung, und in der Zeitung erschien sogar ein Foto von Hanka und mir. So begann meine Karriere als „Star", aber aufgrund der Wechselfälle des Lebens dauerte sie nicht lange.

Die Dorfbevölkerung lud uns ihrerseits zu allen Feierlichkeiten ein, die gewöhnlich am Wochenende begangen wurden. Die Schweden tranken bei solchen Gelegenheiten sehr viel, und der Aquavit floss in Strömen. Mein junger Verehrer Otto maßte sich an, mich mit einem Pfiff zum Tanz aufzufordern, aber er musste sehr bald einsehen, dass er mir damit nicht einmal einen Blick wert war, und so änderte er seine Taktik. Unglücklicherweise war er aber dermaßen beschwipst, dass er beim Tanzen immer wieder stolperte, und so hatte ich natürlich bald genug von meinem Tanzpartner. Ich kam auf die Idee, ihn im Tanzschritt zu seinem Haus zu begleiten, und dort sperrte ich ihn ein. Das ganze Dorf soll herzlich darüber gelacht haben, aber ich hätte doch lieber getanzt.

Zwei wichtige Ereignisse haben diese Zeit damals für mich geprägt. Zum einen beschlossen Hanka und ich gemeinsam, dass wir uns im September 1945 zum „Jom Kippur", dem Tag des Fastens, der inneren Einkehr und der Trauer, für 24 Stunden ganz allein in unser Zimmer zurückziehen und Türen und Fenster verschließen wollten. Wir waren nicht gläubig, aber es lag uns doch viel daran, diesen Tag im Gedenken an die Opfer zu begehen, an all die, die nicht mehr lebten, weil sie umgebracht worden und für immer verschwunden waren.

In Lövstabruk, Isabelle 2.v.r., ganz rechts Hanka

Zum anderen kam es zum ersten und einzigen, aber heftigen Streit mit Hanka. Sie hoffte immer noch auf eine bewaffnete Revolution zur Veränderung der Gesellschaft, während ich der Auffassung war, man müsse andere Mittel dafür wählen, alles andere sei besser als Waffengewalt. Waffen dürften nur im äußersten Notfall und vor allem nur zur Verteidigung eingesetzt werden. Aber damit das funktionieren könnte, müssten natürlich alle dieselben Regeln anwenden, und davon war unsere Gesellschaft noch weit entfernt. Meine Krise dauerte den ganzen Tag lang und ich blieb im Bett ohne mich zu rühren. Bis heute rufen Waffen bei mir ein Gefühl der Abscheu hervor, dabei hätten der Krieg und die alltäglichen Bilder der

Gewalt mich doch daran gewöhnen müssen, aber so war es nicht. Ich empfinde ihnen gegenüber keinerlei Furcht, aber sie erfüllen mich mit Entsetzen.

Im beschaulichen Leben des Dorfes und umgeben von der Herzlichkeit seiner Bewohner vergingen die Wochen. Dennoch wurde unsere Situation kompliziert, denn am Ende der Rekonvaleszenzzeit stellte sich die grundlegende Frage erneut: Was sollte aus diesen geretteten jungen Mädchen und Frauen werden, die ohne Familie und ohne Zuhause da standen – und viele von ihnen auch noch ohne Heimatland? Zwar hatten sich die Schweden darauf eingestellt, uns als Kranke aufzunehmen und zu pflegen, aber für gesunde junge Frauen hatten sie nichts vorgesehen. Meine fünfundzwanzigjährige Verwandte sollte eine Arbeit aufnehmen, und man fand für sie eine Stelle bei einem Floristen in Falun.

Was mich betraf, eine siebzehnjährige Kriegswaise – meinen Geburtstag hatten wir in Lövstabruk gefeiert – beschloss ich, die Einladung meiner Tante und meines Onkels anzunehmen und nach Frankreich zu gehen. Ich hatte gründlich alle Alternativen durchdacht, die sich mir boten. Nach Polen zurückzukehren lockte mich kaum, denn ich fürchtete, der Mehrheit der katholischen Polen würde die Rückkehr der Juden nicht gefallen. Der weitere Verlauf der Geschichte sollte mir in diesem Punkt leider Recht geben! Nach Israel auswandern – ich hatte Angst, dort ein riesiges Ghetto in einem winzigen Land vorzufinden, aber darin irrte ich mich. Israel hat nichts von einem Ghetto, aber es befindet sich permanent im Krieg, und außerdem gibt es keine Trennung von Staat und Religion. Diese beiden Dinge erschienen mir unerträglich, zumal ersteres das Risiko bedeutete, meine alten Alpträume erneut durchleben zu müssen. In Schweden zu bleiben reizte mich jedoch auch nicht besonders. Dieses wunderbare Land, das so lange keinen Krieg erlebt hatte, war in tiefer Langeweile erstarrt. Die Männer waren der Frauen überdrüssig geworden und umgekehrt. Wahrscheinlich war ich außer dem Pastor niemandem begegnet, der mich dazu gebracht hätte, diese Meinung zu ändern. Also gab es nicht das geringste Zögern: Auf nach Paris!

Zur selben Zeit bekam Hanka Nachricht von ihrem Onkel, der in Belgien lebte, und von ihrem Bruder, der nach Polen zurückgekehrt war. Dass er überhaupt zurückgekommen war, grenzte an ein Wunder. Schon vor dem Krieg war er im Gefängnis gewesen, weil er Kommunist war, aber es war ihm gelungen, sich von den Deutschen als Übersetzer anstellen zu lassen. Er war nicht nur Jude und Kommunist, sondern er war auch schon von Geburt an behindert, denn ihm fehlte ein Unterarm. Die beiden ersten „Mängel" konnte er verheimlichen, den dritten jedoch nicht. Dennoch schaffte es dieser außergewöhnliche Mann, den Krieg zu überstehen, indem er von einem Versteck ins andere wechselte und deutsche Übersetzungen machte. Meine Verwandte hatte nie die Hoffnung aufgegeben, ihren Bruder wieder zu sehen, denn sie wusste, dass er lebte. Folgendes war passiert: In einem Bahnhof hielten zwei Züge, die nach Auschwitz gingen. Hanka entdeckte die Gestalt ihres Bruders auf der anderen Seite der Schienen, nur einen Augenblick lang, aber dieser Blickwechsel reichte aus, dass die beiden einzigen Überlebenden der ganzen Familie einander nach dem Krieg suchten. Zunächst beschloss Hanka, zu ihrem Onkel nach Belgien zu gehen. Das sollte uns später oft ein Wiedersehen ermöglichen, aber einstweilen war ich bereits nach Frankreich unterwegs.

Unterwegs nach Paris

Diese Reise war kein Vergnügen, sondern in meinem Fall eine richtige Expedition. Zuerst musste ich nach Stockholm fahren und dort ging ich an Bord eines Frachtschiffes, das über einige Passagierkabinen verfügte und für die Strecke von Stockholm nach Granville drei oder vier Tage brauchte. Nach meiner Ankunft in Frankreich sollte ich dann mit der Bahn nach Paris fahren.

In Schweden kümmerte sich zunächst eine jüdische Hilfsorganisation um mich. Wenn ich sage „kümmerte sich", dann ist das reine Schönfärberei, denn bei diesen Leuten habe ich niemals Nähe oder menschliche Wärme gespürt. Vielleicht mal ein klein wenig Interesse bei einem Fest, das uns Überlebenden zu Ehren gegeben wurde. Die Gäste an meinem Tisch fragten mich, ob ich sehr gelitten hätte und ob die Russen Messer zwischen den Zähnen hielten. Später setzten sich diese Damen von der Organisation zusammen und richteten zu unseren Gunsten ein paar Kredite ein, um sich an unseren Reisekosten zu beteiligen. So bekam ich beispielsweise eine Fahrkarte nach Stockholm zu meinem Schiff.

Da ich Schweden aber auf gar keinen Fall verlassen wollte, ohne meine Verwandte noch einmal gesehen zu haben, die schon seit einiger Zeit in Falun arbeitete, sprach ich meinen sehnlichen Wunsch diesen Damen gegenüber aus. Diese aber entschieden, ich hätte zu nehmen, was ich bekam und dürfe mich nicht beklagen. Das machte mich fuchsteufelswild, und ich versicherte ihnen, sie bekämen ihr Geld zurück. So bekam ich eine Umwegkarte über Falun. Mein starker Wille war damals offensichtlich wieder erwacht. Ein paar Tage später traf ich bei Hanka ein. Trotz der schwierigen Umstände – sie verdiente nicht viel und wohnte in einem kleinen Zimmerchen – waren wir überglücklich, uns wieder zu sehen. Die beiden Tage vergingen wie im Flug, und dann reiste ich nach Stockholm ab. Otto, der junge Mann, der mir in Lövstabruk den Hof gemacht hatte, kam mir Lebewohl sagen. Wir liefen zusammen durch die Stadt, aber innerlich war ich schon weit weg.

Gerade erst hatte ich erfahren, dass das Frachtschiff, das ich nehmen würde, in England Station machen sollte. Die wenigen Passagiere, darunter ich, würden ihre Mahlzeiten an Bord einnehmen, zusammen mit dem Kapitän und den Offizieren. Das war eine ganz neue Erfahrung: Ich würde anfangen zu reisen und etwas von der Welt zu sehen.

In England hatte ich die Gelegenheit, meinen ersten Whisky zu probieren und festzustellen, dass nicht alle Engländerinnen rote Haare haben. Verglichen mit den beiden alkoholischen Getränken, die ich schon kannte – Wodka und Aquavit – schmeckte der Whisky ziemlich komisch. Ich ließ mir meine Enttäuschung aber nicht anmerken, weil meine Reisegefährten so zuvorkommend waren. Inzwischen habe ich aufgeholt: Die außergewöhnlichen *pure malts* trinke ich sehr gern.

Nach drei Tagen Schiffsreise erblickten wir die französische Küste. Damals, im Februar 1946, machte der Hafen von Granville einen ziemlich trostlosen Eindruck: schwarze Kais, Ruinen zerbombter Häuser – der Krieg war noch allgegenwärtig. Ich kam ins Grübeln. Wie mag Paris aussehen? Hat es dort große Schäden gegeben? Würde mein Onkel mir das Studium ermöglichen können? Würde er zusätzlich zu seinen eigenen beiden Kindern noch für ein drittes aufkommen können? Dabei hatte ich doch in unserem Briefwechsel klar und deutlich gesagt, was ich vorhatte. Mein Onkel und meine Tante wussten genau, wie viel mir daran lag, in die chemische Forschung zu gehen. Rasch verbannte ich jedoch diese düsteren Gedanken aus meinem Kopf, und die hoffnungsvollen kehrten mit neuer Kraft zurück.

Gleich als wir anlegten, machte sich Unruhe bemerkbar. Zwei Männer in Uniform, sicher Zollbeamte, kamen an Bord. Ich hörte, wie jemand meinen Namen rief. Rasch lief ich aus meiner Kabine hinunter und zu meiner großen Überraschung wurde mir eine Postanweisung ausgehändigt. Sie kam von meinem Onkel, der sich per Telegramm entschuldigte, dass er nicht nach Granville kommen konnte und mir das nötige Geld für eine Zugfahrkarte von Granville nach Paris schickte. Überglücklich kehrte ich in meine Kabine zurück und steckte die Geldscheine in meine Handtasche. Kurz darauf wurde ich nochmals gerufen, weil ich der Polizei meine Papiere zeigen sollte. Ich holte die erforderlichen Dokumente hervor und lief schnell auf die Brücke. Wie der Blick auf ein kleines Heft aus Bergen-Belsen und einen von den schwedischen Behörden ausgestellten Personalausweis ergab,[16] war alles in Ordnung. Ich durfte zu meinem Onkel nach Paris fahren.

Noch immer aufgewühlt kam ich wieder in meine Kabine und brach schluchzend auf dem Stuhl zusammen: Während meiner Abwesenheit war jemand da gewesen und hatte das Geld aus meiner Tasche gestohlen, außerdem einen Füller mit Goldfeder, das einzige wertvolle Geschenk, das ich besaß. Ich war völlig am Boden – warum nur hatte ich Schweden verlassen? In was für eine Welt war ich zurückgekehrt? Das ganze Leben schien mir wieder so trostlos zu sein wie diese Stadt hier.

---

16 Siehe die Abbildungen auf den Seiten 109 und 110.

So entdeckte mich einer der Offiziere: heiße Tränen vergießend, die ersten Tränen in der Freiheit. Ich erklärte ihm, was passiert war, und dass ich keinen Pfennig mehr hatte, um meine Fahrkarte zu kaufen. Einige Minuten vergingen, dann baten mich der Kapitän und die Offiziere zu sich. Als ich den Raum bekam, empfingen mich lauter lächelnde Gesichter. Auf dem Tisch lag ein Briefumschlag mit meinem Namen. Ich öffnete ihn und fand darin das Geld, das ich für die Fahrt nach Paris brauchte. Mit Tränen in den Augen – aber diesmal vor Freude – dankte ich diesen großzügigen Männern von ganzem Herzen.

Ein Journalist, der mit an Bord war, stürzte sich sofort auf diese Geschichte, aber mein Zug fuhr schon sehr bald und ich musste mich beeilen, um zum Bahnhof zu kommen. Seit ich vor dem Krieg in Krakau den Leuten aus Paris begegnet war, hatte sich mein Französisch nicht wesentlich verbessert. Immerhin hatte ich aber Dank der Korrespondenz mit Hans Johansson im Arbeitslager in Celle doch einige Fortschritte gemacht. Ich kam so weit zurecht, dass ich den Zug nehmen konnte.

Im Waggon setzte ich mich neben eine Dame. Uns gegenüber saß ein Herr. Seit so langer Zeit schon brannte mir eine Frage auf der Seele, und rasch erkundigte ich mich: „Ist Paris im Krieg sehr zerstört worden?“ Zu meiner größten Erleichterung erfuhr ich, dass Paris nicht zerstört war. Die Dame und der Herr beachteten mich dann nicht weiter, sie hatten Besseres zu tun. In diesem Augenblick waren meine Gedanken nicht sehr heiter. Wie sollte ich meinem Onkel erklären, dass seine Postanweisung sich in Luft aufgelöst hatte? Dennoch lag mir daran, den schwedischen Offizieren ihr Geld zurückzuerstatten, denn ich betrachtete es als geliehen. Zu meinem Glück überwogen die guten Neuigkeiten die schlechten. Ich fuhr nach

Paris zu meinem Onkel und würde bald die ganze Familie sehen.

Der Zug fuhr in den Pariser Bahnhof ein. Rasch stieg ich aus, denn mein Gepäck behinderte mich kaum, es war nur das Nötigste und passte in eine einzige Tasche. Ich ging den Bahnsteig entlang und sah von weitem eine Gruppe von vier Personen, eine von ihnen hielt einen großen Blumenstrauß in der Hand. Sollte diese ganze Abordnung meinetwegen gekommen sein? Im Näherkommen erkannte ich das Gesicht meines Onkels, das musste er einfach sein, denn er und mein Vater glichen sich wie ein Ei dem anderen. Mit Tränen in den Augen umarmte ich alle zur Begrüßung und versteckte meine aufgewühlte Miene in dem Blumenstrauß. Aufmerksam betrachtete ich meine Tante, meine Cousine und meinen kleinen Cousin – meine ganze neue Familie. Sie sahen aus, als seien sie glücklich, mich in Empfang zu nehmen.

Mit Tante Toni, Onkel Zygmunt und Cousin Georges Sztrauch in Paris, 1946

Bei meinem Onkel

Zusammen brachen wir nach Hause auf. Ich stellte fest, dass sie ziemlich bescheiden wohnten, aber – welche Freude! – vor dem Fenster fuhr die Metro vorbei. Einige Monate lang sollte das mein tägliches Schauspiel sein. Um für mich Platz zu machen, war mein elfjähriger Cousin Georges ins Elternschlafzimmer gezogen, und mein Onkel schlief auf dem Sofa im Wohnzimmer. Ich richtete mich im Zimmer meiner Cousine Edith ein. Sie ging aufs Gymnasium und war sehr begabt. Ich wollte möglichst schnell auch wieder zur Schule gehen.

Meine Tante half mir, mich bei der Alliance Française einzuschreiben, denn das Allerwichtigste war, dass ich ausreichend gut die Landessprache lernte. Durch Informationen von Freunden meiner Familie gelang es mir später, einen Lehrer für Mathematik und Algebra zu finden, und bald hatte ich auch Unterricht in Französisch und Geschichte.

In diesem Augenblick stieß ich auf die ersten Probleme in Friedenszeiten. Mein Onkel und meine Tante waren nicht wohlhabend. Mit viel Mühe hatten sie ein Schmuckgeschäft zurückerstattet bekommen, das mein Onkel führte. Von den Einkünften aus diesem Geschäft musste die ganze Familie leben, und mein Privatunterricht stellte für sie einen kaum bezahlbaren Luxus dar. Zum Glück beschloss mein Lehrer, Professor Pujol, „an Stelle meines Onkels für meine Schulbildung aufzukommen“, wie er selbst es formulierte. Ich bezahlte zwei Stunden pro Woche – von meiner Tante bewilligt – und er schenkte mir jeden Tag eine Stunde seiner Zeit. So kam ich mit Riesenschritten voran, und Professor Pujol versicherte mir, wenn ich dieses Tempo beibehielte, könnte ich mich in einem halben Jahr zum Abitur anmelden. Die Prüfung wurde speziell für die ehemaligen Deportierten angeboten und berechtigte zum Studium. Mein Onkel und meine Tante wussten sicher nichts von diesen Plänen. Zugleich wurde mir rasch klar, dass ich für meine Familie eine Last war, obwohl ich sie durch verschiedene Arbeiten im Haushalt unterstützte. So liebenswert mein Cousin Georges auch zu mir war, und so zärtlich mich meine Cousine – nach einigen Anwandlungen von Unzufriedenheit – auch umarmte, ich spürte doch, dass meine Anwesenheit ihr Leben störte.

So schmiedete ich innerlich einen umfassenden Plan. Wenn meine Mutter es geschafft hatte, gleichzeitig zu arbeiten und zu lernen, sollte ich das doch wohl auch können! Ich würde ein Dienstmädchenzimmer mieten, tagsüber arbeiten und abends lernen. Als ich Professor Pujol von diesem Vorhaben berichtete, schüttelte er bedächtig den Kopf.

Es war Mai und die Ferien standen kurz bevor. Paris war schön, und an der Alliance Française hatte ich inzwischen einen großen Freundeskreis, darunter eine ganze Gruppe griechischer Studenten. Einer von ihnen hatte sich unsterblich in mich verliebt und schickte mir flammende Gedichte, die er jedoch vergessen hatte, ins Französische zu übersetzen. Wenn wir ausgingen, nahm ich manchmal Edith mit, denn sie verstand sich gut mit ihnen. Zwischenzeitlich hatten wir auch Nachricht von Sabine erhalten, meiner anderen Cousine ersten Grades, die mit im Ghetto in Łódź gewesen war und wie ich als einzige ihrer Familie überlebt hatte. Nach dem Krieg war sie nach Polen zurückgekehrt, aber sie hatte leider niemanden von ihrer Familie mehr angetroffen. Dafür war ihr ein Mann begegnet, der Frau und Kind verloren hatte, und sie hatten beschlossen, aus zwei Einsamkeiten eine Zweisamkeit zu machen. Einige Zeit später waren sie zusammen nach Israel ausgewandert, aber auch dort hatte ihr Weg noch kein Ende gefunden, und schließlich waren sie nach Paris gekommen.

In der Zwischenzeit hatte sich für mich einiges getan. Zu meiner Überraschung traf ich bei der Alliance Française eine junge Frau wieder, Régine, die ich im Ghetto in Łódź gekannt hatte. Sie wollte mir ein Ehepaar und deren Sohn vorstellen und sagte, dieser suche eine Frau. Laut lachend antwortete ich: „Der will ja vielleicht heiraten, aber ich nicht!“ Meine Ausbildung lag mir sehr am Herzen, und bevor ich 23 Jahre alt war, wollte ich sowieso nicht heiraten – dachte ich zumindest. Ein paar Tage später startete Régine einen neuen Versuch: Wir könnten doch wenigstens eine Einladung zu einem gemeinsamen Theaterbesuch annehmen. Das interessierte mich schon eher, denn ich war in Paris noch nie abends ausgegangen.

Jäh wurde mir bewusst, dass ich für solche Anlässe gar nicht über die passende Garderobe verfügte. Die wenigen Kleidungsstücke, die ich hatte, kamen aus Schweden bzw. aus Paketen, die meine Tante aus den USA bekommen hatte. Wie gesagt, ich hatte an Gewicht zugelegt, um jeder Mitleidsbezeugung zu entgehen. In Paris aber waren die jungen Frauen eher dünn, und ich wirkte demgegenüber „gut im Futter“. Mein breit gestreiftes Ausgehkleid ließ meine Figur nicht besser aussehen, aber ich hatte keine Wahl. Außerdem war es mir, ehrlich gesagt, auch völlig schnurz. Eine Privatschneiderin extra für mich, das war Schnee von gestern. Aber meine Tante schlug dann vor, ich solle doch Schneiderin werden. Die Ausbildung sei sehr viel kürzer als ein Studium und so viel praktischer, außerdem mussten mittellose junge Frauen damals oft diesen Beruf ergreifen. Ich verfügte aber offensichtlich schon über einigen Widerspruchsgeist – und nicht über das geringste Talent in dieser Richtung. Kurz und gut, ich bereitete mich also in aller Gemütsruhe auf meinen berühmten Abend vor, ich freute mich ganz einfach darauf.

Es war das erste Mal, dass ich in Paris abends zu einer Veranstaltung ausging. Der junge Mann, Arthur, war 23 Jahre alt und erschien in Begleitung seiner Eltern. Wir kamen gerade noch pünktlich und nahmen unsere Plätze ein, ohne dass wir uns noch richtig begrüßt hatten. Bald hob sich der Vorhang, und verblüfft sah ich, wie auf einer riesigen Bühne ein winziges ganz in Schwarz gekleidetes Etwas auftauchte. Dann trat die Gestalt ins Rampenlicht, und ihre Stimme brach hervor. Von welcher Kraft mochte diese junge Frau belebt sein, dass sie eine derartige Metamorphose zu Stande brachte? Im Licht der Scheinwerfer stand ein riesiges Wesen vor uns, dessen Stimme mich zutiefst aufwühlte. In der Music-Hall de Montmartre hatte ich soeben Édith Piaf entdeckt, und so verdankte ich es Régine, dass ich dem ersten Wunder von Paris begegnet war.

Das stimmt allerdings nicht ganz, denn gerade bemerke ich, dass ich es unterlassen habe, meine grundlegenden Pariser Eindrücke zu erwähnen, wie sie von den Bildern an jeder Straßenecke hervorgerufen wurden und an jedem freien Platz: der Eiffelturm, den ich am liebsten sehe, wenn er beleuchtet ist, die Tuilerien, die Kirchen, die ich endlich in aller Ruhe besichtigen konnte (denn in Polen sind Kirchen nicht zum Besichtigen da), und schließlich die Museen, die ich nach und nach entdeckte, vor allem, seit das Schicksal es mir erlaubt hat, zu lernen und mich für Kunst zu interessieren.

Aber zurück zu Arthur und seiner Familie, überschattet einzig von: Tante Anielka. Sie empfing uns eines Tages in ihrer kleinen Wohnung, wo sie auf dem Diwan ausgestreckt lag, angeblich nach einer Fehlgeburt. Ihre Persönlichkeit ähnelte nicht im Geringsten meiner Vorstellung von einer mustergültigen Frau. Während Arthurs Vater gesellig, großzügig, poetisch veranlagt, phantasievoll und kräftig gebaut war (dabei aber kurzsichtig wie ein Maulwurf) und während seine Mutter gutmütig, diskret, folgsam, groß, blond und sanft war, drückte Anielka sich völlig ungeschminkt aus und sprach über das Leben, die Männer und die Lage im allgemeinen. Zu meinem Glück diskutierten sie alle in Polnisch, was mir damals doch noch sehr viel leichter fiel. Arthurs Eltern sprachen jeden Tag Polnisch miteinander, aber er selbst drückte sich in dieser Sprache eher ungeschickt aus. In ihrer warmherzigen Gesellschaft fühlte ich mich so wohl, dass ich mich quasi von der Familie erobern ließ.

Arthur wird immer zornig, wenn er diese Version hört. „Es war Liebe auf den ersten Blick!“, sagt er. Wenn man ihn kennt, ist das nicht einmal falsch: Das Schicksal hat zugeschlagen, und ich halte immer noch durch.[17] Wie es scheint, hatte Arthur mich nach unserer ersten Begegnung ein „Kalb“ genannt, aber immerhin „ein Kalb von Rasse“ (das war wohl auf die Wirkung meiner Wohlbeleibtheit, besonders aber meines schönen gestreiften Kleides zurückzuführen). Aber trotzdem: Liebe auf den ersten Blick für ein Kalb?! Das ist Arthur, wie er leibt und lebt! Von da an luden seine Eltern mich oft ein, wenn sie ins Restaurant oder ins Theater ausgingen. Nach einiger Zeit verabredeten wir uns auch ohne sie. Mein kleiner Cousin Georges musste oft als „Anstandswauwau“ herhalten.

Es war Juni 1946, und die großen Ferien näherten sich mit Riesenschritten. Meine ersten Ferien in Frankreich! Die Freunde meiner Tante und meines Onkels, ein ganz reizendes junges Paar, hatten mich für den Sommer nach

---

17 Im Originaltext ein Wortspiel: „le coup de foudre“ (Liebe auf den ersten Blick) – „La foudre m'est tombée sur la tête et je tiens le coup depuis plus de 58 ans“; bezogen auf die Abfassungszeit dieser Passage im Originaltext.

Frontignan eingeladen, aber es stand völlig außer Frage, dass ich irgendwo anders hinginge als in eine jüdische Ferienkolonie. Für mich war ein Zeltlager im Jura vorgesehen, und als sie mich hinbrachten, flüsterte meine Tante mir ins Ohr, wenn es mir nicht gefiele, dürfe ich das auf keinen Fall meinem Onkel sagen, denn das würde ihn verletzen. Ich denke heute, meine Familie und auch sonst niemand hatte damals überhaupt etwas begriffen: Kaum bin ich wieder in einer Familie, in einem richtigen Haus, in einem Zimmer mit einem richtigen Bett mit richtigen Laken, da kommt irgendwer auf die Idee, dass ich meine ersten Ferien nach dem Krieg ausgerechnet in einem Zeltlager verbringen soll!

Die Seen im Jura sind wunderschön, aber damals sah ich nur den Regen, der in mein Zelt drang und mich fast jeden Abend unter Wasser setzte. Ich sah nur einen grauen Horizont – und mich selbst wieder als Gefangene! Auch wenn die Gegebenheiten dort nichts mit meiner Vergangenheit gemein hatten, schmerzte es mich doch, ganz allein zu sein. Zum Glück verfiel ein junger Mann auf die gute Idee, mir den Hof zu machen, und so konnte ich diese trübsinnige Situation ein wenig vergessen. Ich fürchtete mich vor nichts, Schwierigkeiten machten mir nicht die geringste Angst, und alles war so schön und so neu – nur kein verregnetes Zeltlager!

Zu meinem Trost kamen Briefe von Arthur. Er liebte mich und sehnte sich nach mir. Er wollte mich so schnell wie möglich wieder sehen und mit mir zusammenbleiben. Als ich ihm antwortete, brauchte ich nicht zu befürchten, ich könne ihn verletzen, und so schrieb ich die ganze Wahrheit, wie es um mich herum aussah und dass ich ihn vermisste. Sobald Arthur meinen Brief erhalten hatte, ließ seine Reaktion nicht lange auf sich warten. Eines Abends tauchte ein Auto am Eingang des Zeltplatzes auf – mit etwas stotterndem Motor, denn die Zündung vertrug den Regen nicht – und drei Personen stiegen aus: Arthur und seine Eltern. Im Handumdrehen war die Entscheidung getroffen. Für den Rest der Ferien nahmen sie mich mit und wir würden zusammen nach Paris zurückfahren. Der Tragweite dieser Handlung war ich selbst mir ebenso wenig wie sie bewusst. Im Grunde genommen hatten Arthurs Eltern und er selbst eine Minderjährige entführt, natürlich ohne Einverständnis der Familie. Was war denn schon dabei, schließlich hatten wir ernste Absichten, ich würde heiraten und sah darin absolut nichts Schlechtes. Gleich bei der Ankunft in Paris eröffnete ich meinem Onkel und meiner Tante die große Neuigkeit. Was ich allerdings nicht bedacht hatte, war der Wunsch meiner Familie, ich solle mich zuerst verloben.

Das war kein Hindernis, die Verlobungsfeier fand im September statt, und für Dezember war die Hochzeit geplant. Arthurs Mutter, „Mama Rosa", wie ich sie auf ihren Wunsch hin nannte, nahm mich überall hin mit. Sie schätzte sich sehr glücklich, mich zur Schwiegertochter zu bekommen. Ihre Freude war vielleicht etwas vorschnell, denn unsere Temperamente waren sehr verschieden, aber ich denke, wir mochten uns sehr. Kurzum, nach der Verlobung machten wir uns an die Hochzeitsvorbereitungen. Meinem Onkel und meiner Tante lag vor allem daran, mir für die Trauung ein schönes Kleid und einen Mantel zu schenken. Insgesamt aber schien es meinen Schwiegereltern in spe finanziell besser zu gehen, und so fand ich es völlig in Ordnung, dass sie für diesen Anlass auch mehr Geld ausgaben. Konventionen bedeuteten mir nicht viel, und schon lange ließ ich mich in meinem Verhalten nur noch von meinem Gewissen leiten. Es war nicht unfehlbar, aber doch das einzige Gut, das mit geblieben war.

Meine Tante wollte mir für die Hochzeit einen marineblauen Mantel schenken, vielleicht auch noch ein gleichfarbiges Kleid, denn beides würde ich nach der Feier auch im Alltag tragen können. Arthurs Eltern vertraten eine ganz andere Ansicht, und die war für mich viel verlockender. Sie dachten an einen hellen Mantel mit einem kleinen Pelzkragen, einen passenden Hut und ein hübsches Kleid in Rosa und Beige. Ich spürte, dass meine Heirat meinem Onkel und meiner Tante ganz und gar nicht gefiel. Meine Cousine verplapperte sich schließlich: „Sie sagen, Arthur hat keine berufliche Stellung und spricht kein Französisch, und außerdem ist sein Vater ein *zazou*."[18] Mein Onkel und meine Tante meinten wahrscheinlich, dass Arthur Pariser Argot sprach und dass sein Vater sich für ihren Geschmack allzu originell kleidete. Sie hätten mich lieber mit einem Arzt verheiratet gesehen als mit einem so unkonventionellen jungen Mann. Später erfuhr ich, dass einer ihrer Freunde kurz davor gewesen war, mir einen Heiratsantrag zu machen. Meine Französischkenntnisse reichten damals noch nicht aus, als dass ich Arthurs Ausdrucksweise hätte beurteilen können, und meine Kenntnisse in Sachen Mode stammten aus der Zeit vor dem Krieg. Meiner Tante passte es überhaupt nicht, dass ich mich meinen Schwiegereltern in spe so eng angeschlossen hatte.

Eines Tages hatte Mama Rosa ihren Mädchennamen erwähnt, sie hatte Reinberg geheißen. Sofort erinnerte ich mich an eine junge Frau, die mit ihren beiden Kindern, einem Mädchen und einem Jungen, mit in unserem Haus im Ghetto in Łódź gelebt hatte[19]. Sie war Russin, und sobald die Deutschen den Nichtangriffspakt mit der Sowjetunion gebrochen und das Land überfallen hatten, waren alle russischen Juden in Ghettos eingewiesen oder gleich

---

18 *Zazou*: Mode-Gockel.

19 Vgl. Seite 50

in die Lager deportiert worden. Wie das Leben so spielt: Bei dieser Familie hatte es sich um Arthurs Tante, Cousine und Cousin gehandelt, die junge Frau war also die Schwägerin meiner Schwiegereltern. Außerdem hatte mir meine zukünftige Schwiegermutter erzählt, dass sie mit einem gewissen jungen Mädchen mit dem Familiennamen Galewska zu Schule gegangen und diese Kameradin später Apothekerin geworden war. Das war natürlich meine Mutter gewesen, was für ein Schock, was für ein Zufall! Ich fühlte mich mehr und mehr als Teil dieser Familie.

Heute ist mir klar, dass mein Onkel und meine Tante enttäuscht, beunruhigt und manchmal vielleicht sogar frustriert waren, aber damals hatte ich davon keine blasse Ahnung. Außerdem sprachen wir meine Muttersprache Polnisch, während ich mich mit meiner Tante in Deutsch verständigte, denn sie stammte aus Deutschland. Wie tief muss ich sie enttäuscht haben!

Als ich klein war, hatte mein Vater mir oft von Familie Edelist erzählt. Sie waren nah mit uns verwandt und die Familien hatten ein mehr als freundschaftliches Verhältnis zueinander. Außerdem hatte dieser Name auch auf der Liste der Personen gestanden, zu denen ich nach dem Krieg Kontakt aufnehmen sollte, also war er meinem Gedächtnis eingebrannt. Welche Überraschung, als ich erfuhr, dass diese Familie in Frankreich lebte und meinen Onkel und meine Tante oft besuchte! Ich würde sie treffen, und wir könnten unsere Erinnerungen austauschen. Mein Onkel und meine Tante hatten zur Hochzeit viele Leute eingeladen und die Edelists sollten unsere Trauzeugen sein.

Als ich eines Nachmittags nach Hause kam, traf ich meine Tante in etwas griesgrämiger Laune an. Es kam zu einem Wortwechsel, und dann begann sie von meiner

Mutter zu sprechen. Sie erzählte von ihrer Reise nach Polen vor dem Krieg, als ihre Familie vor dem heraufziehenden Nationalsozialismus aus Deutschland wegging. Die Haltung meiner Mutter damals war ihr nicht sehr einnehmend erschienen. Ohne das Ende des Satzes abzuwarten, schoss ich wie ein Blitz aus dem Haus. Ich war mit Arthur zuhause verabredet, aber daran erinnerte ich mich in diesem Augenblick überhaupt nicht mehr. Schluchzend dachte ich immer wieder: „Sie hat kein Recht, so über meine Mutter zu sprechen“. Die Leiden, die meine Mutter hatte erdulden müssen, hatten für mich all ihre Fehler ausgelöscht. Die einzigen, zu denen ich gehen konnte, waren Hélène und Moische. Hélène war eine Cousine ersten Grades von Hanka, und das Paar wohnte auch in Paris. Sicher würden sie meine Bestürzung verstehen und mich für ein paar Tage bei sich einquartieren können. In der Zwischenzeit war Arthur bei meiner Tante aufgetaucht. Ich kann mir sein Gesicht vorstellen, als meine Tante ihm die Tür öffnete und erklärte, ich sei nicht da und sie wisse auch nicht, wo ich sei. Er begriff sofort, was los war und wohin ich mich wohl geflüchtet hatte.

Nach diesem Zwischenfall beschloss ich, nicht wieder zu meinem Onkel und meiner Tante zurückzukehren, aber Hélène wollte doch lieber eine Aussprache mit ihnen führen. Wir einigten uns und nach ein paar Tagen bei Hélène kehrte ich zu meinem Onkel zurück, unmittelbar vor der Hochzeit. Grundsätzlich war ausgemacht, dass meine Tante und mein Onkel die Hochzeitsfeier organisieren, die Kosten aber zwischen beiden Familien geteilt werden sollten. All das wurde jetzt rückgängig gemacht und meine zukünftigen Schwiegereltern blieben mit ihren – im Übrigen sehr wenigen – Gästen übrig. Da mit einem Schlag auch die Trauzeugen weg waren, bat ich Hélène und Moische, dieses Amt zu übernehmen, und sie taten dies mit großer Freude.

Hochzeitsfoto, 1947

Hochzeit und Umzug nach Saint-Maur

Wir wollten in Saint-Maur leben, einem Vorort von Paris. Mein zukünftiger Schwiegervater, Papa Jurek, kannte den Bürgermeister der Stadt. Da wir keine religiöse Feier geplant hatten und der Bürgermeister meine Geschichte kannte, hatte er eine sehr bewegende Ansprache vorbereitet und widmete unserer Hochzeitszeremonie beträchtlich viel Zeit. Alles in allem waren wir an die zwanzig Personen. Mein Onkel und meine Tante sowie Édith und Georges ließen sich trotz allem kurz blicken, aber nur im Rathaus. Danach aßen wir im Restaurant La Tour d'Argent zu Mittag, an der Bastille; leider heißt das Restaurant heute anders. Am nächsten Tag fuhren wir per Zug und Schiff nach Korsika.

Auf der Überfahrt lernten wir eine korsisch-jüdische Familie kennen, die auf der Insel lebte. Als sie von meiner Herkunft und meiner Geschichte hörten, gaben sie uns jede Menge Adressen von Freunden, die glücklich wären, uns zu empfangen. Was für ein Kontrast zu meiner ersten Schiffspassage von Stockholm nach Granville! Eine großartige Küstenlandschaft und dann Ajaccio, eine Stadt, die völlig anders war als alle Städte, die ich kannte. Ein Hotel mit ziemlich abgeblättertem Verputz und uralten Installationen erwartete die frisch Vermählten. Zu meinem Glück fand ich alles ganz wunderbar, es gab nur einen Haken: Die Orangen waren Ursache großer Beschwerden in der Hochzeitsnacht. Absolut nicht zu empfehlen! Offensichtlich hatten wir schon so lange keine Orangen mehr gegessen, dass wir uns nicht beherrschen konnten und ein paar Kilo auf einmal verputzt hatten. Arthur hatte noch mehr gefuttert als ich und musste die ganze Nacht „rennen". Ein einzigartiges Andenken an eine Liebesnacht, der zum Glück viele andere folgten.

Sehr bald stellte ich fest, dass ich die einzige Frau war, die allein ins Restaurant und abends spazieren ging. Alle korsischen Frauen lebten praktisch von der Außenwelt abgeschnitten, nur die Männer saßen im Café und konnten sich völlig frei bewegen. Ich war empört: was für eine Umgebung für eine jung verheiratete Frau! Zum Glück fuhren wir oft mit unserem kleinen Auto herum, das wir wegen seiner Farbe den „Kanarienvogel" nannten: ein alter Wagen, dessen Klappverdeck abmontiert war und der uns auf der Insel überall hin brachte. Mit Hilfe einer Wäscheklammer ließen wir ihn an, und der Motor reagierte sofort. Bergab war das Auto unschlagbar, bergauf nicht so sehr, aber wir kamen immer gut ans Ziel. Ich muss hinzufügen, dass man mit Arthur meist sehr sicher fuhr. Nur einmal, auf einer sehr abschüssigen Straße zum Meer hinunter, hörten wir plötzlich hinter uns jemand rufen und hielten an. Ein braver Radfahrer brachte uns etwas, das er auf der Straße gefunden hatte: unseren Vergaser. Wir hatten tatsächlich nicht das Geringste bemerkt!

Eines Abends waren wir im Restaurant in Gesellschaft von mehreren Leuten, natürlich lauter Männern. Wir unterhielten uns, d.h. sie unterhielten sich, und ich gab von Zeit zu Zeit meinen Senf dazu, laut Arthur in einem ziemlich über den Daumen gepeilten Französisch. Irgendjemand fragte mich: „Was halten Sie von Korsika und den Korsen?" Gelassen antwortete ich: „Korsika ist eine großartige Insel, und die Korsen sind alle *maquereaux*.[20]" Bleierne Stille folgte meinen Worten, bis schließlich jemand loslachte: „Diesen Ausdruck hat Ihnen sicher Ihr Mann beigebracht." Völlig verdutzt über die Wirkung meiner Worte nickte ich und fuhr fort: „Die Korsen sind zazous". Daraufhin brach allgemeine Heiterkeit aus, und man erklärte mir den Unterschied. Tatsächlich kannte ich die-

20 *Maquereau*: Argot-Bezeichnung für Zuhälter.

sen sehr speziellen Beruf nicht, ich wusste nicht einmal, dass es ihn gab. Es gab viele Dinge, von denen ich keine Ahnung hatte. Meine gesamte Menschenkenntnis war faktisch eine Unmenschen-Kenntnis, und ich wusste nichts vom „normalen" Leben. Es machte mir nicht das Geringste aus, wenn die Leute sich über meine Ausdrucksfehler amüsierten. Wenn keine Bosheit darin mitschwang, konnte ich sogar mitlachen.

Isabelle und Arthur mit ihrem ersten Auto, 1947/48

Unseren letzten Besuch in Korsika machten wir bei einer Familie mit neun Kindern, lauter Mädchen. Die sechsunddreißigjährige Mutter erwartete ihr zehntes Kind, offenbar einen Jungen, aber Ultraschalluntersuchungen gab es damals noch nicht, und die Spannung war ganz fürchterlich. Später erreichte uns in Paris eine Nachricht:

„Désiré[21] ist zur Welt gekommen", und wir konnten uns die Freude dieses Paares vorstellen.

Bei der Rückkehr aus Korsika erwartete uns eine schlechte Nachricht: Meine Schwiegereltern hatten keine Mietwohnung für uns gefunden. Wie ich später erfuhr, wurde damals vor allem getauscht. In unserem Fall war der Handel – Lieferung von Autoreifen gegen Vermietung eines Hauses – nicht zu Stande gekommen, und ich hockte mit Arthur in einem Dienstmädchenzimmer ohne Heizung, ohne fließendes Wasser und mit einer winzigen Dachluke als Fenster. Es war Januar 1947 und es fror. Trotzdem war ich glücklich, einen geliebten Mann an meiner Seite zu haben und von ihm ein Kind zu erwarten. Meine immer so charmanten Schwiegereltern hatten nichts für den Fall geplant, dass das Geschäft mit den Autoreifen schief ginge. Ich sollte sehr rasch lernen, dass diese beiden so warmherzigen und liebevollen Menschen einfach unfähig waren, irgendetwas für sich selbst oder ihre Kinder zu planen oder zu organisieren.

Arthur begann zu arbeiten, und ich fror. Natürlich konnte ich in die Wohnung zu meinen Schwiegereltern hinunter gehen, wo mir die Türen jederzeit offen standen, aber es war eine kleine Wohnung für Kriegsgeschädigte. So nannte man die Wohnungen, die Menschen zugeteilt wurden, die im Krieg ihr Haus verloren hatten. Das war bei meinen Schwiegereltern der Fall, denn die Amerikaner hatten Saint-Maur bombardiert, weil sie die Lichtreflexe der Marne irrtümlich für die Schienenstränge des Bahnhofs von Villeneuve Saint-Georges gehalten hatten, dessen riesige Anlagen ein Angriffsziel für die Armee waren. Leider kann es bei einem Bombenangriff Irrtümer geben, und bei diesem wäre Arthur sogar um ein Haar ums Leben

21 Désiré: wörtlich „der Erwünschte, der Ersehnte".

gekommen, denn eine Bombe landete oberhalb von seinem Bett. Da hatte das Judentum einmal jemand gerettet, der vor der Polizei aus seinem Haus geflohen war! Im Übrigen war die Familie mehrmals einerseits von einem von Arthurs Freunden, Marcel Sternfeld, unterstützt worden und andererseits von den Eheleuten Juvanon und Derondel. Den ganzen Krieg hindurch haben diese Menschen sich der Aufgabe gewidmet, anderen zu helfen. Meine Schwiegereltern lebten also selbst in einer Einzimmerwohnung mit Küche und ohne Bad.

Mein Schwiegervater baute die Fabrik wieder auf, die zugleich mit dem Wohnhaus zerstört worden war. Ich tauchte auf der Baustelle auf, als gerade die Erdarbeiten im Gange waren, und zur großen Verblüffung der Arbeiter gab ich dazu den Kommentar: „Das ist mein früherer Beruf, den hatte ich in Deutschland." Es war der einzige, den ich kannte. Leider oder zum Glück nützte er mir im normalen Leben jedoch nicht. Die Aufbauarbeiten gingen weiter und Arthur plante die Anlagen für den neuen Betrieb. Meine Schwiegereltern teilten uns mit, sobald das Wohnhaus bei der Fabrik fertig sei, sollten wir dort einziehen. Sie selbst würden einstweilen in ihrer zugewiesenen Wohnung bleiben. Ich akzeptierte ihren Vorschlag, denn ich war schwanger und konnte das Leben im Dienstmädchenzimmer ohne jeden Komfort nur schwer ertragen. In der Zwischenzeit erboten sich Freunde meiner Schwiegereltern, uns für einige Wochen bei sich aufzunehmen, und das nahmen wir erfreut an.

Als das Haus endlich fertig war, konnten wir umziehen. Ein richtiges Haus für uns zwei und unser zukünftiges Kind! Ich hatte Skrupel, meine Schwiegereltern in einer so kleinen Wohnung zurückzulassen, aber rasch ließ ich mich davon überzeugen, dass wir auf jeden Fall tagsüber zusammen sein könnten und dass unser Kind in dieser neuen

Umgebung viel besser aufgehoben wäre. Das Haus umfasste ein Büro, ein Esszimmer, ein Schlafzimmer mit Bad und eine Küche. Alle Zimmer waren Durchgangsräume. Die Fenster gingen auf den zementierten Hof und die Fabrikgebäude. Diese Anordnung hatte einen sehr praktischen Aspekt: Arthur, dessen Arbeit in der Fabrik sehr früh begann, war gleich an Ort und Stelle und konnte mich sogar herbeirufen, damit ich die Entwicklung und Einstellung der technischen Geräte oder die Herstellung komplizierter Werkstücke bewunderte.

Mein Interesse für die Vorgänge im Betrieb wuchs immer mehr und ich lernte die technischen Einzelheiten bezüglich der Metalle und der Betriebsprodukte kennen. Obwohl dieses neue Leben mir die Möglichkeit nahm, meine schulische Ausbildung fortzusetzen, war ich doch glücklich. In Begleitung meines Mannes besuchte ich Professor Pujol, denn ich hatte ihn von meiner Heirat informiert. Er sagte, er freue sich sehr für mich und gab zu, dass er wegen meiner Pläne, berufstätig zu sein und zugleich zu studieren, doch ziemlich besorgt gewesen war.

Mein erster Besuch zusammen mit Arthur galt jedoch Schwester Suzanne Spender in der Rue du Bac in Paris. Ich hatte sie nicht sofort sehen wollen, sondern erst, wenn ich mich mit ihr unterhalten könnte. Nie werde ich ihren Gesichtsausdruck vergessen, als sie mich in der Tür stehen sah. Sie kam auf mich zu, sah mich verwirrt an, fasste mich bei der Hand, um sich meines Anblicks zu vergewissern, und dann zog sie mich vor den Altar, fiel auf die Knie und stammelte ein Gebet. Ich bin sicher, dass ich ihrer Meinung nach durch ein Wunder geheilt worden war. Nichts verband diese eher rundliche hübsche junge Frau mit dem wandelnden Leichnam, der ihr in Bergen-Belsen ins Krankenhaus gebracht worden war. Ich besuchte sie nicht oft, aber ich wohnte ja auch in Saint-Maur, und wir hatten nur ein Auto, das in erster Linie beruflich genutzt wurde. Ansonsten brauchte ich für die Fahrt ins Stadtzentrum von Paris mehr als eine Stunde.

Diese Entfernung machte mir doch allmählich zu schaffen, und ich beschloss, zu Hause Steno und Schreibmaschine zu lernen, um meine freie Zeit auszufüllen. Aber auf diesem Ohr stellte Mama Rosa sich taub. „Warum willst Du etwas Neues lernen, wo Du doch ein Kind erwartest, um das Du Dich wirst kümmern müssen?", wandte sie immer wieder ein. Ich hatte aber begonnen, zu meinem wahren Wesen zurückzufinden und konnte einfach nicht untätig sein.

Zu dieser Zeit waren Arthur und sein Vater ziemlich viel geschäftlich unterwegs und ich weiß nicht, warum wir nur sehr selten von ihnen hörten. Wenn sie für mehrere Tage aufbrachen, wussten wir nie genau, an welchem Tag und um welche Zeit sie zurückkommen würden. Mama Rosa war ihrem Mann sehr ergeben, denn sie war noch traditionell erzogen worden, eines von zehn Kindern, und ihr Mann war ihr Gott. Da war es ganz natürlich, dass sie geduldig wartete. Diese große, schöne blonde Frau ist sich ihr ganzes Leben lang gleich geblieben, und ich kann mich nicht erinnern, dass sie ihr Verhalten jemals geändert hätte, außer vielleicht ganz am Ende ihres Lebens. Trotzdem habe ich eines Tages versucht, sie zu überzeugen und mitzuziehen. Als wir zu Hause saßen und auf die Rückkehr unserer Männer warteten, schlug ich Mama Rosa vor, wir könnten doch den Nachmittag in Paris verbringen. „Und wenn Papa Jurek und Arthur genau in dieser Zeit zurückkommen?" – „Gerade das wäre doch perfekt, denn ich bin es Leid, immer wieder ohne jede Nachricht auf sie warten zu müssen." Erst sicherte sie mir ihre Unterstützung zu, aber dann beschloss sie doch in letzter Minute, mich nicht zu begleiten, und ich fuhr allein nach Paris.

Als ich abends nach Hause kam, traf ich drei Personen an, die am Tisch saßen und mich finster ansahen. Arthur war zuerst völlig erstaunt, dass ich keine Kopie von Mama Rosa war, aber schließlich verstand er doch. Von jetzt an sollten die Dinge für mich anders laufen. Er würde aufmerksamer und zuvorkommender sein, denn ihm war klar geworden, dass ich auch weggehen könnte, wenn ich mich ausgeschlossen und unbeachtet fühlte.

Im August 1947 herrschte eine Hitzewelle, ich verbrachte meine Tage ständig in der Nähe eines Ventilators, und in Gestalt eines hübschen kleinen Tönnchens erwartete ich den „Tag X". Mein Baby breitete sich nach allen Seiten aus, und ich fühlte ernsthaft seine Anwesenheit. Damals gab es noch Marken für rationierte Lebensmittel, denn der Krieg war noch ganz nah. Die Lebensmittelkarte bekam einen Stempel „J3". Sie war für Jugendliche unter 21 Jahren bestimmt, und ich gehörte zu dieser Altersgruppe. Laut Entscheidung der Regierung brauchten wir mehr Vitamine – endlich dachte mal jemand an uns. Obwohl wir ausreichend Nahrung hatten, fehlte es uns dennoch an Kaffee, Schokolade und anderen Lebensmitteln, die als Luxus galten.

Das war der ideale Vorwand, um die Wochenenden in Belgien zu verbringen, bei Hankas Onkel, wo sie damals untergebracht war. Ich habe auch vergessen, die Benzinrationierung zu erwähnen. Verglichen mit unserer eigenen Situation war Belgien das Paradies, denn dort brachen die Auslagen der Geschäfte schier unter den Waren zusammen. Man brauchte nur Geld, und Arthur hatte offensichtlich ziemlich viel. Papa Jurek zahlte ihm keinen Lohn, sondern gab ihm nur ein Taschengeld. Mir stand wöchentlich auch eine bestimmte Summe zu, aber wir hatten Kost und Logis frei, und es fehlte uns praktisch an nichts.

In diesen Nachkriegsjahren hatte das Geld einen anderen Wert. Ich empfand eine gewisse Solidarität, denn die meisten Menschen in meiner Umgebung, die französischen Familien, hatten alle nicht wieder gutzumachende Verluste erlitten. In fast jeder Familie fehlten eine oder mehrere Personen, die im Krieg getötet worden waren, was zählte da schon Geld... Wenn sie ausgingen, beschränkten sich die meisten jungen Leute auf Orte, die nicht sehr kostspielig waren. Es gab nur wenige Autos, man kam nur sehr schwer an eines, denn die Lieferzeiten waren schier unendlich. Es gab keine Luxusartikel, kein Fernsehen, keine Unterhaltungselektronik, daher waren auch die Bedürfnisse ganz andere. Der Graben zwischen Arm und Reich war fast nicht vorhanden – zumindest empfand ich es damals so.

Das einzige Hindernis in diesem friedlichen Bild waren die Grenzen. Die Grenze zwischen Belgien und Frankreich war spektakulär, denn hier herrschte der Zollbeamte wie ein König. Aus Frankreich herauskommen – nichts leichter als das, aber der Rückweg – was für eine Plage! „Wie viele Zigaretten haben Sie dabei? Was haben Sie sonst noch anzumelden?" Das Benzin musste im Tank sein, und alle anderen Kanister und Behälter mussten wir in den Rinnstein kippen. Auch Nahrungsmittel mussten angemeldet werden und sogar ein Vogelkäfig, den ich eines Tages spontan in Belgien gekauft hatte. Dieser Artikel kam in der Zollliste nicht vor, und jetzt ging der Zirkus erst richtig los: „Wo haben Sie ihn gekauft? Für wie viel?" usw. Aber das Tollste war das Gesicht des Zollbeamten, als er meine Rundungen argwöhnisch beäugte. Unter meinem Dufflecoat mussten wohl ganze Schätze versteckt sein. Er kapierte nicht, dass ich ganz einfach schwanger war und ließ mich von Kopf bis Fuß durchsuchen.

Hanka, ihr Onkel und ihre Tante empfingen uns in Belgien jedes Mal sehr herzlich. Diese beiden waren von kleiner Gestalt, der Onkel funkelte vor Schalkhaftigkeit, und die Tante strahlte reine Güte aus. Hanka fühlte sich wie ihre Tochter. Die Tarasiejskis hatten den Krieg mit ihren beiden kleinen Töchtern in Russland verbracht. Die eine war während des Krieges an Tuberkulose gestorben, die andere hatte überlebt und studierte inzwischen Chemie. Die Lebensbedingungen in Russland waren sehr hart gewesen, auch für die russische Bevölkerung selbst. Hanka war in dieser Familie glücklich, aber sie entschied sich dennoch, zu ihrem Bruder nach Polen zurückzukehren.

Geburt der Kinder

Zurück in Paris wurde ich zusehends runder und ich aß Radieschen. Offenbar haben Schwangere immer besondere Gelüste, und in meinem Fall waren es eben Radieschen. Am 8. August 1947, als wir gerade das Mittagessen beendet hatten, stand ich nicht wie sonst auf, um Mama Rosa zu helfen. Ich verzog das Gesicht, und Arthur fragte mich: „Hast Du Schmerzen?" Ich nickte und presste die Hände auf meinen Leib, als könnten die Schmerzen dadurch weniger werden. Arthur bestand darauf, in der Klinik anzurufen und um Rat zu fragen.

Die Krankenschwester sagte, er solle Rhythmus und Dauer der Wehen genauer angeben. Als er einige Minuten später die Informationen durchgab, antwortete ihm eine panikschrille Stimme: „Worauf warten Sie dann noch, bringen Sie Ihre Frau sofort ins Krankenhaus!" So begannen wir ein Autorennen – na ja, was „Autorennen" auch immer heißen mag: mit einem alten Citroën quer durch Paris – um möglichst schnell von Saint-Maur nach Neuilly zu kommen. Zum Glück war der Verkehr damals nicht sehr dicht, verglichen mit den heutigen Staus.

Unterdessen buk Mama Rosa in aller Ruhe Kuchen, denn sie hatte Arthur vor unserem Aufbruch ins Ohr geflüstert: „Sie schreit überhaupt nicht, also steht die Geburt auch noch nicht bevor."

Als wir in der Klinik ankamen, wurde ich schon von meinem Arzt und der Krankenschwester erwartet. Sie beschlossen, mir für die Geburt eine Narkose zu verpassen. Unmittelbar bevor ich einschlief, musste ich lächeln, denn ich hatte mit dem Arzt Polnisch gesprochen. Keine Ahnung, was er verstanden hatte, aber es war sowieso nicht mehr wichtig. Als ich wieder aufwachte, beugte sich der

Arzt über mich und beruhigte mich: „Alles in Ordnung, Sie haben ein schönes Baby bekommen und sind nicht eingerissen.“ – „Ist es denn ein Junge?“, rief ich. – „Ja, es ist ein Junge“, und da endlich konnte ich einen tiefen Seufzer der Erleichterung ausstoßen. Ich sollte noch erwähnen, dass unsere gesamte Umgebung überzeugt war, dass wir einen Jungen erwarteten, obwohl es damals noch keine Ultraschall-Untersuchungen gab.

Das Baby war rund, es hatte rosige Bäckchen, blonde Haare und blaue Augen und wurde in der ganzen Klinik herumgezeigt. Meine furchtbare Vergangenheit hatte sich nicht auf die Geburt meines Sohnes ausgewirkt. Trotzdem waren unsere Sorgen nicht gänzlich gewichen. Ich war eine der ersten Frauen, die nach ihrer Rückkehr aus der Deportation ein Kind zur Welt gebracht hatten. Die Familie hatte für diese Geburt die Klinik in Neuilly ausgesucht, denn dort konnte einer der besten Ärzte meine Schwangerschaft überwachen. Meine robuste Natur hatte wieder die Oberhand gewonnen. Inzwischen war Arthur seine Mutter holen gefahren und er kam gerade rechtzeitig wieder zurück, um sein Baby zu sehen, das schon in ein weißes Tuch gewickelt war.

Wir hatten uns noch gar keinen Vornamen für unser Kind überlegt. Jetzt suchten wir unter den Vornamen unserer Toten einen für unseren Sohn aus. Meine Schwiegereltern hatten an all die gedacht, die getötet worden waren und die ich nie gekannt hatte, und ich schaffte es gerade noch, als zweiten Namen den Vornamen meines Vaters einzuschieben. Schließlich nannten wir unseren Sohn Marc-Henri. Ähnlichkeiten zu den Eltern und Verwandten wurden festgestellt. Ganz eindeutig hatten meine Schwiegereltern, die mich sicherlich liebten, völlig vergessen, dass ich auch noch da war und dass auch ich meine ganze Familie verloren hatte und dass das Kind mir auch ein kleines bisschen ähneln könnte, immerhin war ich doch seine Mutter!

Der Alltag begann von neuem, diesmal gekrönt von einem Baby. Zugegeben, anfangs war ich ziemlich durcheinander, weil dieses kleine Etwas andauernd schrie und strampelte, sobald es wach war, aber der Umstand, dass ich mein Kind stillte, schuf eine starke Bindung zwischen uns. Ich bin absolut überzeugt, dass eine Frau, die ihr Kind nicht gestillt hat, ihm gegenüber nicht dieselben Empfindungen haben kann, und es wundert mich auch nicht im Geringsten, dass sich einige dieser Frauen später sehr schwer tun, sich von ihrem Kind zu lösen. Man muss den eigenen Egoismus schon aufgeben, wenn man ein so nahes Wesen darauf vorbereiten will, selbst flügge zu werden.

Meine Schwiegereltern kümmerten sich viel um unser erstes Kind, und der Kleine begriff schnell, dass er zwei Mamas und zwei Papas hatte. Als er das später einmal in der Schule verkündete, handelte er sich damit einige Probleme ein, denn niemand außer ihm hatte alles doppelt.

Nach einiger Zeit erwartete ich mein zweites Kind. Da kannte ich mich dann schon aus und wunderte mich über gar nichts mehr. Das Baby wurde Nicolas genannt, nach Arthurs Großvater, der im Krieg umgekommen war. Nicolas war ein tolles kleines Dickerchen mit großem Interesse an Essbarem und später am „hoppla", mit dem er blindlings die Wände einrannte. Die Zeit flog nur so dahin zwischen den Mahlzeiten der Babys, Windelnwaschen und ein paar schnellen Besorgungen zwischen zwei Stillzeiten.

Arthur zeigte mir die Jazzkeller von Saint-Germain mit ihren Orchestern. Ein surrealistisches Bild! Ganze Welten trennten das Mädchen, das kaum noch am Leben war, als die englische Armee es am 15. April 1945 aus dem Konzentrationslager befreit hatte, von der jungen Frau, die 1947 in Paris zu den Klängen eines Orchesters tanzen lernte. Wer hätte in dieser Person, die so ganz in der Musik von Claude Luter aufging, wohl noch den lebenden Leichnam erkannt, der unfähig war, sich zu rühren! Schweden, Frankreich, die Heirat und die Kinder – alles hatte zu dieser Metamorphose beigetragen.

Claude Luter lernten wir durch Pierre Merlin kennen, der in seinem Orchester als Trompeter auftrat und Zeichnungen für ein Kinderbuch machte, das Papa Jurek geschrieben hatte. Zum ersten Mal tanzte ich zu einem Jazz-Rhythmus, denn alle Tänze, die ich aus meiner Kindheit kannte, waren Walzer, Tango und Foxtrott, und 1939 schließlich hatte die Kleine ihre letzten Tanzschritte bei einem Lambethwalk gemacht. Damals hatte ein Schauspiel ganz anderer Art begonnen, und an seinem Ende lagen ganze Berge von Leichen herum, die nicht mehr tanzen konnten.

Aber zurück zu unserem Alltag. Wie gesagt, konnte ich nur selten und immer nur kurz weggehen. Natürlich musste ich mich zwischen zwei Stillzeiten beeilen, denn Mama Rosa musste das Baby schon auf ihrem Arm schaukeln, so unruhig war es. Trotzdem gab es einige Augenblicke der Entspannung, zum Beispiel während meiner Schwangerschaft, zumindest am Anfang.

Nach knapp drei Jahren erwartete ich ein drittes Kind und da machte ich mir doch ernsthafte Sorgen. Anscheinend war ich zum Kinderkriegen wie geschaffen – eine wunderbare Nachricht, aber ich fand sie gar nicht lustig. Da die männliche Zurückhaltung beim Sex uns nicht sehr erstrebenswert erschien und die Kondome uns störten, musste ich andere Lösungsmöglichkeiten suchen. Leider konnte Mama Rosa mir nicht helfen, da sie in solchen Dingen völlig unerfahren war. Empfängnisverhütung seitens der Frau war damals tabu. Professor d'Alsace, einer der wenigen Gynäkologen, die sich zu diesem Thema äußerten, gab mir einige Ratschläge, aber die Geburt eines dritten Jungen, der schon unterwegs war, konnte ich nicht mehr vermeiden.

Während ich dreimal hintereinander mit meinen Söhnen schwanger war und sie stillte, war mein Leben auf seltsame Weise völlig ausgefüllt, und zu dieser Zeit bot sich für Arthur, der mit seinem Vater zusammenarbeitete, eine interessante Gelegenheit, denn er hatte eine Einladung zur ersten internationalen Messe in Polen erhalten. Wir überlegten, ob ich mitfahren sollte. Einerseits schien es mir verlockend, aber andererseits war der Krieg noch allzu nah, ich war zum dritten Mal schwanger, und so stand mein seelischer und gesundheitlicher Zustand der Reise entgegen und ich musste das Vorhaben verschieben. Viele Jahre später bin ich dann aber doch nach Warschau und Łódź gefahren.

Arthur bereitete sich also auf die Reise vor. Nur um eines hatte ich ihn gebeten: Er sollte mir meine Puppe mitbringen. Ich erinnerte mich sehr deutlich daran, dass meine Mutter einem Mann, den ich nicht kannte, ihren Diamanten und unsere Wertgegenstände anvertraut und dieser sie auf seinen Handkarren geladen hatte. Meine Puppe und einige andere Dinge waren aber bei „Frau Mania“ gelandet, die in der Drogerie meiner Eltern gearbeitet hatte (vgl. S. 37). Zwar machte ich mir keine Hoffnungen, die Wertgegenstände zurückzubekommen, aber ich dachte, meine Puppe könnte mir doch zurückgegeben werden.

Zu dieser Zeit fand Papa Jurek seinen Bruder Miętek und dessen Familie wieder, die alle nach Warschau zurückgekehrt waren. Miętek war einer der wenigen Überlebenden von Treblinka. Zusammen mit drei anderen hatten sie den deutschen Wachmann ausschalten können und waren entkommen. Danach hatte er sich im Wald versteckt, wo ihn seine Frau und seine Töchter fanden und retteten. Alle drei besaßen falsche Papiere und hatten auf der „arischen" Seite überlebt. Miętek hat einen Bericht über Treblinka[22] verfasst, und ich habe seine Kinder gebeten, ihn mir zur Veröffentlichung zu überlassen.

Auf seiner Reise nach Polen bat Arthur seinen Onkel um Hilfe bei der Suche nach „Pani Mania". Das Glück war uns hold: „Pani Mania" wohnte in einem Vorort von Łódź, und Arthur kündigte ihr seinen Besuch ganz offiziell an. Ich muss noch hinzufügen, dass Miętek vor dem Krieg als Kommunist im Gefängnis gesessen hatte und inzwischen Stellvertreter eines Ministers in der polnischen Regierung geworden war. Obwohl sie von Arthurs Ankunft erfahren hatte, verlangte „Pani Mania", er solle am nächsten Tag noch einmal wiederkommen. Dann händigte sie ihm nicht meine Puppe aus, sondern ein kleines herzförmiges Medaillon aus vergoldetem Metall, in dem ich Fotos meiner Eltern aufbewahrt hatte. Mit unbeschreiblicher Freude nahm ich dieses Andenken in Empfang – leider wurde es mir später gestohlen. Sonst war nichts weiter in Polen erhalten geblieben, aber was bedeuteten mir schon materielle Dinge?!

Bei seiner Rückkehr aus Polen erwarteten Arthur einige Veränderungen. Da ich durch den Alltag mit meinen Söh-

22 Mieczysław Chodżko. Das Manuskript wurde Isabelle Choko von den Töchtern des Autors überlassen und sie hat es der Fondation pour la Mémoire de la Shoah anvertraut. 2004 veröffentlichte die Canadian Foundation of Polish-Jewish Heritage den Bericht unter dem Titel Ucieczka z Treblinki. Eine französische Ausgabe ist in Vorbereitung.

nen ziemlich erschöpft war, hatte ich eine alte Dame eingestellt, die mit ihnen spazieren ging und die Wäsche bügelte. Madame Paule war eine sehr sanftmütige weißhaarige Dame, hatte aber große Mühe, sich Respekt zu verschaffen, und besonders Marc war ein sehr mutwilliger Junge.

Im Dezember 1950, als sie einmal mit ihm am Ufer der Marne spazieren ging, lief er unbemerkt weg und rannte zu dem kleinen Tor mit der Treppe, die zum Wasser hinunterführte. Ganz sicher hatte er seinen Schwung unterschätzt, denn er stolperte sämtliche Stufen hinunter und fiel in die Marne. Es war kalt, der Fluss hatte Hochwasser, und am Ufer war keine Menschenseele. Als Madame Paule den Unfall bemerkte, begann sie zu rufen und versuchte, das Kind festzuhalten. Aber die Strömung war zu stark, und so wurden sie beide weggespült. Zufällig hatte ein Junge die Rufe gehört, und da er nicht selbst ins Wasser springen konnte, alarmierte er seinen Chef, der ein Kajak-Champion war. Der stürzte sich ohne zu zögern ins Wasser, um das Kind herauszuziehen. Sofort bemerkte er, dass eine zusätzliche Last ihn daran hinderte, den an der Oberfläche treibenden Jungen aus dem Wasser zu holen. Er tauchte noch einmal mit ihm unter, und da sah er die alte Dame, die sich an Marcs Arm festhielt. Mit einigen kräftigen Bewegungen brachte er beide wohlbehalten nach oben. Claude Bordeaux, so hieß der Retter, verdankten bereits mehrere Menschen ihr Leben. In der Zwischenzeit war die Feuerwehr eingetroffen und wartete am Ufer. Nach einigen Erste-Hilfe-Maßnahmen für Madame Paule und das Kind konnten alle wieder nach Hause gehen.

Ich war an diesem Nachmittag nicht zu Hause gewesen, und als ich abends zurückkam, sah ich, dass Marc eine ganz aufgeschürfte Wange hatte. Auf meine Frage: „Was ist passiert?“ antwortete er sofort: „Ich bin in die

Marne gefallen, und dann ist die Feuerwehr gekommen.“ Ich dachte, dieses Kind hätte ganz entschieden eine zu lebhafte Phantasie. Zwar hatte er schon so oft gesagt, dass er Feuerwehrmann werden und Menschen retten wolle – aber mir jetzt so eine Geschichte zu erzählen! Im Lauf des Abends fiel mir aber doch auf, dass eine merkwürdige Stimmung herrschte, und plötzlich sah ich einen Mann auftauchen, den ich nicht kannte. Die gegenseitige Vorstellung ging rasch vonstatten, und Arthur hatte schneller begriffen als ich, was wirklich geschehen war. Unter Lachen und Weinen endete diese Begegnung. Wir alle waren tief ergriffen von dem Wunder, das geschehen war. Arthur war völlig durcheinander und ging am nächsten Tag los, um die Spielzeugläden „auszuräumen“, und dann feierten wir das Ereignis mit unseren beiden Knirpsen – Marc war drei Jahre und vier Monate alt und Nicolas ein einviertel Jahr. Viele Jahre lang blieben wir Claude Bordeaux für seinen mutigen Einsatz in tiefer Dankbarkeit verbunden.

Der Schwerpunkt unseres Alltags verlagerte sich im Januar 1951 mit der Geburt von Stanislas. Er war etwas dünner als seine Brüder, aber beweglicher und unruhiger und beanspruchte unsere Aufmerksamkeit. Zu Anfang machte er uns einige Sorgen, denn auf Grund unserer bisherigen Erfahrungen rasten wir in die Klinik, sobald ich die ersten Wehen spürte. Zu meiner großen Überraschung hörten sie aber kurze Zeit nach unserer Ankunft wieder auf, und erst am nächsten Tag konnten wir Stanislas bewundern. Vielleicht hatte er es nicht ganz so eilig gehabt, uns zu Gesicht zu bekommen.

Ich kehrte nach Hause zurück, nach Saint-Maur, wo unsere beiden älteren Söhne auf uns warteten. Damals half eine freundliche Polin mir im Haushalt. Sie sprach oft mit mir über die polnische Kirche und die Predigten der

Geistlichen. Diese informierten ihre Gemeinde darüber, dass die Juden das Blut eines katholischen Babys brauchten, um das ungesäuerte Brot herzustellen und manche ihrer religiösen Riten zu feiern. Wenn man weiß, dass die Juden sich bei ihrem Auszug aus Ägypten und auf ihrer Wanderung durch die Wüste von ungesäuertem Brot ernähren konnten, weil Gott Mehl und Wasser vom Himmel fallen ließ, und dass in diesem Nahrungsmittel tatsächlich nur diese Bestandteile enthalten sind, kann man überhaupt nicht begreifen, wie eine solch furchtbare Legende entstehen konnte. Wenn man sich dann noch an die Beschuldigung erinnert, die Juden hätten Jesus getötet – statt die historische Wahrheit anzuerkennen – dann erscheint es fast schon normal, dass eine derart präparierte Bevölkerung die Juden verachtet und ihnen misstraut.

Trotz der Mithilfe dieser Polin beanspruchten meine drei Buben mich ganz enorm. Sie waren wunderbar, sie strotzten vor Gesundheit und sprühten vor Lebensfreude und sie ähnelten einander sehr. Wenn ich mit ihnen spazieren ging, blieben die Leute oft stehen und bestaunten sie. Mit meinen drei Knirpsen war ich voll ausgelastet, manchmal sogar ein bisschen zu sehr. Ich hatte Angst, irgendwann überlastet zu sein, und um mich zu beruhigen, beschloss Papa Jurek, mir ein Auto zu kaufen, damit ich mobiler war. So machte ein alter Mathis unseren Fuhrpark komplett. Arthur hatte beschlossen, ein Anfängerauto brauche keine starken Bremsen, und so verhakte sich ein LKW, dem ich bei meiner ersten Ausfahrt auf der Straße begegnete, in meinem Auto und schleppte mich noch ungefähr 50 Meter weit mit. Ich hatte mit aller Kraft und zum Schluss sogar im Stehen auf die Bremse getreten, das Auto aber nicht rechtzeitig zum Halten bringen können. Zum Glück war niemand verletzt, weder Marc, der bei mir war, noch ich selbst. Das Auto war allerdings nur noch

Schrott. Danach bekam ich dann ein richtiges Auto, mit dem ich ganz normal anhalten konnte.

Leider hatten jedoch weder die Unterstützung im Haushalt noch die Annehmlichkeit eines Autos ausgereicht, meine Gesundheit zu erhalten. Drei Schwangerschaften, drei Babys nacheinander zu stillen und die schlaflosen Nächte hatten meine Kräfte aufgezehrt, und der Direktor des Sanatoriums von Ormesson diagnostizierte eine Tuberkulose. Zufällig waren gerade neue Medikamente in Frankreich eingetroffen: BPAS, Rimifon und Penicillinretard, und mein neuer Arzt hatte die ziemlich geniale Idee, mich zu Hause zu behandeln. Nachdem ich ihm erklärt hatte, dass ich meinen Mann und meine Kinder auf gar keinen Fall verlassen wollte, bestand er nicht länger darauf, mich ins Krankenhaus zu überweisen. Dieser junge überzeugte Katholik hatte mich beruhigt, indem er mir erklärte, bei den Juden sei die Tuberkulose nicht so schwer – also hatte ich ihm geglaubt und schließlich Recht behalten. Dennoch brauchte ich in der Zwischenzeit Pflege und musste eine Reihe von 60 Spritzen über mich ergehen lassen, die dicke schmerzhafte Beulen auf meinen Schenkeln hinterließen.

Zugleich mussten wir auf die Kinder Acht geben, die sich der Situation nicht im Mindesten bewusst waren. Nach einigen mehr oder weniger gut verlaufenen Experimenten fand ich schließlich eine „Perle", die sich um meine Söhne und um den Haushalt kümmerte. Diese Frau stammte aus der Bretagne und nahm uns alle unter ihre – ziemlich ausladenden – Fittiche. So konnte ich morgens ausschlafen und zum Glück musste ich niemanden mehr stillen. Die tägliche Ruhepause war mir vom Arzt strikt verordnet worden, es war die absolute Bedingung, wenn ich weiter zu Hause bleiben wollte. Natürlich gab es Leute, die mich vor der Ansteckungsgefahr warnten, aber ich war der Ansicht, dass wir jetzt schon so lange so nah zusammengelebt hatten, dass der berüchtigte Koch-Bazillus meinen Söhnen garantiert schon begegnet war und sie völlig immun gemacht hatte.

Damals hatte Arthur sehr viel zu tun, aber er fand immer wieder Zeit um mit den Kindern zu spielen. Morgens bereitete ich für alle die Butterbrote vor, auch für Arthur. Unser Leben als Paar war für mich sehr wichtig. Für mein Empfinden hing von der Liebe und der Harmonie der Partner auch das Gleichgewicht der Kinder ab. Später lernte ich, dass man sie dennoch nicht vollständig von allen Wechselfällen im Leben der Eltern abschirmen kann. Kaum hatte ich das Windelnwaschen hinter mir – und wir mussten sie mit geradezu barbarischen Geräten wie etwa einer *lessiveuse à champignon*[23] waschen und trocknen – da berichtete Arthur mir von den Problemen, die sich in der Firma seines Vaters zusammenbrauten. Mir war es in der Zwischenzeit gelungen, ein Haus zu kaufen und so der ganzen Familie ein neues Heim außerhalb des Fabrikgeländes zu geben. Das war folgendermaßen vor sich gegangen.

Als ich eines Tages vom Markt zurückgekommen war, traf ich Marc mit blutverschmiertem Gesicht und bitterlich weinend an. Als er im Fabrikhof Ball gespielt hatte, war ein Metallgitter heruntergefallen und hatte ihm die Wange aufgerissen. Ein paar Stiche und ärztliche Versorgung hatten den Unfall bereinigen können, aber er hatte mich ebenso geprägt wie meinen Sohn, und ich hatte den Entschluss gefasst, meine Kinder könnten nicht länger in diesem schmutzigen und gefährlichen Fabrikhof spielen.

---

23 *Lessiveuse à champignon*: ein Waschkessel, in dem die Wäsche auf dem Gasherd gekocht wurde, er funktionierte ähnlich wie die heute noch gebräuchlichen – sehr viel kleineren – Espressokocher zum Zuschrauben.

Ich hatte mich also nach einem Haus mit Garten auf die Suche gemacht und ein prächtiges Gebäude in einem schönen Viertel von Saint-Maur ausgesucht, und Papa Jurek war sofort mit dem Kauf einverstanden gewesen und hatte eine Anzahlung geleistet. Ich hatte schon angefangen, Pläne für die Einrichtung zu machen, aber meine Freude war nur von kurzer Dauer. Wie gewöhnlich hatte mein großzügiger Schwiegervater nicht erkannt, dass er die weiteren Zahlungen nicht würde leisten können, und so verloren wir die angezahlte Summe. Ich begriff, dass die Lösung nur darin bestehen konnte, ein wesentlich preiswerteres Haus zu finden, das wir mit einem Kredit finanzieren könnten. Noch einmal kam mir der Zufall zu Hilfe. Ein sehr wohlhabender Mann hatte für seine kranke Tochter, die bei einem Arzt in Saint-Maur in Behandlung war, gerade ein Einfamilienhaus gekauft, doch dann stellte sich heraus, dass ihr zwischenzeitlich eine andere Behandlung verordnet worden war, die einen Umzug erforderlich machte. Von einem seriösen Immobilienmakler auf unsere Suche aufmerksam gemacht, hatte der Vater eingewilligt, uns das Haus auf Kredit mit zwei Jahren Zinsfreiheit zu verkaufen und außerdem darauf bestanden, uns die Schlüssel sofort zu übergeben, damit unsere Kinder nicht noch länger den Garten und die gute Luft entbehren mussten.

Was für eine Freude, unseren ersten richtigen Haushalt einzurichten und alle Arbeiten nach unserem eigenen Geschmack ausführen zu lassen! Wir ließen die Wand zwischen Wohnzimmer und Esszimmer einreißen, eine Wand rot streichen und die anderen sonnengelb und die Fenster durch außen angebrachte rot, blau und gelb gestrichene Schiebetüren vergrößern. Das alles entsprach nicht unbedingt den Maßstäben der Kunsthochschule, sondern eher unserer Laune. Wir hatten *Sérusier*möbel[24] gekauft, die auf der Pariser Messe den ersten Preis bekommen hatten, und damit war die Einrichtung des Hauptraumes abgeschlossen. Die Kinder hatten ein Spielzimmer im Erdgeschoss, das eigentlich das geräumige Zimmer von Stanislas war, und abends stiegen die beiden Großen in ihre Mansardenzimmer im Obergeschoss hinauf.

24 *Sérusier*: Eichenholz, das durch spezielle Behandlung weiße Adern bekommen hat.

Die Schachspielerin

Ich fing an, das Leben zunehmend zu genießen, denn auch mein Gesundheitszustand hatte sich verbessert. Damals begannen Arthur und ich Schach zu spielen. Dieses Spiel hatte ich zum ersten Mal im Ghetto in Łódź gesehen, und ich hatte auch gelernt, welche Züge die verschiedenen Figuren ausführen können, aber damals hatte ich andere Sorgen, als dass ich mich näher damit beschäftigt hätte. Das zweite Mal war bei meinem Onkel, dort hatte ich mit meinem kleinen Cousin Georges Schach gespielt. Jetzt traten Arthur und ich in einen Schachclub in Saint-Maur ein. Auch unsere drei Jungen interessierten sich sehr für dieses Spiel. Sie erlernten es, indem sie unsere Partien mitverfolgten und unsere Erläuterungen zu den einzelnen Zügen und zu den Grundregeln des Spiels anhörten.

Ich glaube, das ist eine ausgezeichnete Vorbereitung aufs Leben. Man lernt eine Strategie zu entwickeln, sich zu konzentrieren, trotz der Unwägbarkeiten des Spiels durchzuhalten, auf sich selbst zu zählen, die Persönlichkeit des Gegners einzuschätzen um seine Reaktionen vorauszusehen und vor allem, die Situation zu analysieren und einen ihr jeweils angepassten Plan zu verfolgen. So gelang es uns, den Charakter der verschiedenen Spieler zu durchschauen, und oft sagten wir, ein junger Mann spiele „wie ein Alter" oder die Spielweise einer betagten Person sei „jung". Kühnheit, Originalität oder aber Furchtsamkeit oder solide Einfallslosigkeit – all das konnten wir im Lauf einer Schachpartie entdecken.

Später, als wir schon einige Jahre lang trainingshalber an Turnieren teilgenommen hatten, wurde ich französische Schachmeisterin. Bis dahin beteiligte ich mich an

Freundschafts-Turnieren, und dort hatte ich einige wirklich drollige Erlebnisse.

Damals nahmen an diesen Meisterschaften nur sehr wenige Frauen teil. Die Herren reagierten anfangs sehr amüsiert auf die Anwesenheit einer jungen Schachspielerin. Vor der Partie gab es andauernd Kommentare wie diese: „Ich würde lieber nicht gegen Sie spielen, denn ich mag keine Frau schlagen", „Von mir kriegen Sie nichts geschenkt" oder „Von einer Frau lasse ich mich doch nicht einschüchtern". Die meisten Turnierteilnehmer behandelten mich entweder mit einer Art galanter Verachtung oder mit amüsierter Herablassung. Nach der Partie wurde die Situation heikler, denn ich gewann oft. Da kamen dann ganz andere Kommentare: „Ich war heute überhaupt nicht in Form", „ich habe viel zu wenig geschlafen", „ich hatte Kopfschmerzen" usw. usw. „Gute Verlierer", die meine Überlegenheit anerkannten, waren selten.

Eines Tages traf ich auf einen älteren Herrn, er lächelte liebenswürdig und wir füllten vor der Partie unsere Teilnahmescheine aus, wie es Vorschrift war. Zerstreut sah ich seinen Namen, Jean Rostand, aber da ich innerlich schon woanders war und mich auf die bevorstehende Partie konzentrierte, beachtete ich meinen Partner nicht weiter. Nach der Partie fragte mich der Hausherr des Saales, in dem das Turnier stattfand: „Wie war's?", und ganz gelassen antwortete ich: „Ich habe gewonnen". – „Wissen Sie, gegen wen Sie da gespielt haben?" Da blitzte eine Erinnerung in meinem Geist auf – natürlich war mir dieser Name bekannt, es war der berühmte „Gelehrte mit den Fröschen".[25] Ich

---

25 Jean Rostand (1894-1977), Biologe und Schriftsteller, Mitglied der Académie Francaise. Isabelle Choko spielt an auf sein Werk *La vie des crapauds* (Das Leben der Kröten).

schrieb ihm eine kleine Nachricht und bekam als Antwort einen wunderbaren Brief.

1956, Isabelle trägt das Medaillon mit den Fotos ihrer Eltern (vgl. Seite 156)

Bei einem späteren erneuten Zusammentreffen erklärte Jean Rostand mir hoch erfreut, ich sähe viel besser aus als bei unserer ersten Begegnung. Tatsächlich war damals gerade meine Tuberkulose diagnostiziert worden, und das hatte man mir bestimmt angesehen. Jean Rostand war ein ausgezeichneter Beobachter, auch wenn es diesmal nicht um einen Frosch ging.

Es kam noch mehrmals vor, dass ich meine Partner nicht auf Anhieb erkannte. Als sich herumgesprochen hatte, wie tief ich mich konzentrierte, machten meine Freunde sich manchmal einen Jux und tauschten während der Partie meinen Gegner aus. Es dauerte immer eine ganze Weile, bis ich den Betrug bemerkte.

In der Welt des Schachs bewegten sich faszinierende Persönlichkeiten: Der alte Meister Tartakower[26] prophezeite meinen Sieg bei der französischen Meisterschaft der Frauen, Baraz brachte mir die Strategie der Aufstellung bei und spottete: „Ach ja, Madame Choko will wieder von jetzt auf gleich schachmatt setzen", Tcherbakof spielte um Geld, der entzückende Guy Béart war leider nur ein mittelmäßiger Spieler, der Champion Rossolimo[27] ging in die USA – damals konnte man nur dort mit Schachspielen Geld verdienen – und außer ihnen begegnete ich Schriftstellern, Künstlern und vielen anderen Prominenten.

Die Freundschafts-Turniere fanden meist sonntags statt, daher musste ich immer eine Lösung für die Betreuung unserer Kinder finden. Ich nahm auch an einigen internationalen Turnieren teil und errang mehrere Preise und Pokale. Die Partien dauerten abends ziemlich lange und anschließend gingen wir zusammen essen. Das war für mich jedes Mal eine Prüfung: Nach dem Turnier waren meine Kiefermuskeln immer noch so verspannt, dass ich nichts Festes hinunter bekam und nur flüssige Nahrung zu mir nehmen konnte. So löffelte ich dann meine Suppe und sah den anderen zu, wie sie sich gut gelaunt den Bauch voll schlugen.

---

26 Xavier (Savielly) Tartakower (1887-1956), bedeutender polnisch-französischer Schachmeister und Buchautor.

27 Nicolas Rossolimo (1910-1956), französisch-US-amerikanischer Schachspieler.

Als ich mehrere gemischte Turniere gewonnen hatte, meldete ich mich für die Französische Schachmeisterschaft der Frauen an. Die Partien fanden im Casino von Vittel statt, und die gesamte Veranstaltung wurde von den Unternehmern des Kurortes gesponsert.

Der gute Arthur hatte alle Welt informiert, seine Frau werde die Französische Schachmeisterschaft der Frauen gewinnen, also blieb mir nichts anderes übrig als dem auch Folge zu leisten. Als ich die letzte Partie beendet hatte, meldete sich unmittelbar, bevor mir offiziell der Titel verliehen wurde, jemand von den Anwesenden und verlangte eine Überprüfung meiner Ausweispapiere. Tatsächlich konnte nur eine französische Staatsbürgerin diesen Titel erwerben.

Ich war äußerst aufgebracht und sagte, wenn mein Ausweis überprüft werden sollte, hätte das vorher gemacht werden müssen und nicht erst in dem Augenblick, als ich den Meisterschaftstitel gewonnen hatte. Auch Madame Le Bey Taillis, die Präsidentin unseres Schachclubs und meine treue Unterstützerin, war sehr verärgert. Der Zwischenfall änderte aber nichts an der Sache, und ich wurde als französische Schachmeisterin 1956 ausgerufen.

Dann folgten die Interviews mit den Journalisten und mein großformatiges Portraitfoto schmückte die Titelseite von *L'Aurore*, einer großen Tageszeitung, während ein Bild von Marilyn Monroe seltsamerweise nur viel kleiner und in Schwarz-Weiß weiter unten auf der Seite war.

Es gab zahlreiche Presseberichte, und sogar die polnische Tageszeitung – für die ich zu diesem Anlass wieder zur Polin geworden war – brachte einen Artikel. Die ganze Familie war sehr stolz, und Papa Jurek stellte eine richtige Pressemappe zusammen. Die Kinder waren noch etwas zu klein um die aktuellen Ereignisse zu begreifen, sie begnügten sich damit, uns zuzusehen und mit uns zu spielen. Nach der Meisterschaft erhielt ich mehrere Einladungen, unter anderem zur Teilnahme an einem Turnier in Deutschland. Es gehört zur Ironie des Schicksals, dass diese ehedem so sehr gehasste und verachtete Person, der man das Lebensrecht abgesprochen hatte, nun eine hochoffizielle Einladung erhielt.

RORE

is-le-Grand. Paris (2e) — Téléphone : OPÉra 65-00

obert LAZURICK

XVe année. — N° 3.734

MARDI 11 SEPTEMBRE 1956

MONTRES DERMONT OR ACIER PLAQUÉ

A LONDRES

.LET :

Isabelle CHOKO (26 ans) est la nouvelle championne de France des échecs

DE POISSY (S.-et-O.)

ıef d'orchestre
lle SAUVAGE
ısé au cours d'un
dent de la route

Titelseite der Tageszeitung *L'Aurore* vom 11. September 1956 (Ausschnitt)

Meine Revanche dem Leben gegenüber hatte begonnen. Nachdem die Meisterschaft vorüber war, musste ich in familiärer und persönlicher Hinsicht Bilanz ziehen. Madame Le Bey Taillis, die Präsidentin des Schachclubs „Caïssa", hätte es gern gesehen, wenn ich meine Schachkarriere weiter betrieben hätte, aber angesichts der Wendung, die das Unternehmen meines Schwiegervaters nahm, erschien das nicht sehr aussichtsreich.

Start ins Berufsleben

Ich musste mich für die Nachfolge bereithalten. Wenn ich zu Hause auch nur andeutete, Arthur und ich wollten vielleicht unsere eigene Firma aufmachen, er würde also aus der Fabrik aussteigen, dann hätte man wirklich glauben können, wir brächten Papa Jurek ins Grab. Sein Sohn hatte einfach kein Recht, ihn allein zu lassen. Die einzige Person, die sich um das Materielle kümmern konnte, war also ich. Ich gab das Schachspiel auf und begann Arbeit zu suchen. Aber über welche Kompetenzen verfügte ich denn? Die Ausbildung, die ich im Lager bekommen hatte, umfasste leider keine berufliche Qualifikation, jedenfalls keine, die in normalen Zeiten gefragt war. Die einzige Branche, wo man mich gern einstellen wollte, war das Versicherungswesen. Kein Bürojob, sondern Kundenbesuche zu Hause, um Verträge abzuschließen. Schon nach ein paar Tagen Ausbildung war ich unterwegs. Ich hatte rasch begriffen, wie das System funktionierte. Die neu Eingestellten gingen zu den Leuten nach Hause, und die Dienstälteren waren für Ausbildung und Überwachung der Teams zuständig. Ein paar Monate lang hielt ich durch. Arthur ermutigte mich, nicht aufzugeben. Aber er war ja auch nicht an meiner Stelle und hatte keine Ahnung.

Ich beschloss dann, als Firmenvertreterin zu arbeiten. Aber an wen konnte ich mich wenden? Wer konnte mich auf diesem Feld unterstützen? Natürlich dachte ich an Arthurs Onkel, Anielkas Mann, der eine Hosenfirma leitete. Für Léon alias Pierre als Elektroingenieur war diese Unternehmensbranche ideal. Aber bei näherer Betrachtung scheint mir, diesem Bonvivant ging es vor allem um Frauen und ein leichtes Leben. Hosen und Elektrotechnik interessierten ihn kaum; was zählte, war eine unkomplizierte Einkommensquelle. Zwar schätzte Pierre junge Frauen, aber keineswegs in der Rolle einer Geschäftsassistentin. Ich dachte dann an Haushaltsartikel, genauer gesagt, an Zubehör für ihre industrielle Herstellung.

Damals war mein Mann überhaupt nicht disponibel, denn mein Schwiegervater brauchte ihn voll und ganz. Ich glaube, er hatte einfach Panik bei dem Gedanken, ganz allein der Realität die Stirn bieten zu sollen.

Das schöne Unternehmen, das er 1930 gegründet hatte, endete mit einem Konkursantrag. Es war jedoch nicht der Konkurs eines gewieften Geschäftsmannes, sondern der eines anständigen Mannes, der außer seiner Ehre alles verloren hatte. Er setzte sein gesamtes eigenes Vermögen als Sicherheit ein. Diesem Mann, der als Dichter, Maler und vor allem Zeichner so hoch begabt war, ging jedes Talent ab, das in der Geschäftswelt erforderlich war. Er, der sich in seinen Träumen als Patriarch sah, als den Wohltäter der Familie, fand sich völlig mittellos.

Ausgehen, Geschenke, Sponsoring von Theaterstücken, Ausstellungen und anderen kulturellen Veranstaltungen – mit all diesen Dingen war es jetzt vorbei.

In dem Augenblick, als feststand, dass die Fabrik geschlossen werden sollte, wurde Papa Jurek krank. Am Herzinfarkt kam er so gerade eben vorbei, aber trotzdem wurde ihm strenge Bettruhe verordnet. Kurzum, er kaufte sich eine letzte geblümte rosa Weste, und dann fuhr er mit seiner Frau nach Madeira.

Uns selbst blieben 200.000 alte Francs[28] auf der Bank und drei Kinder. Nach kurzem Nachdenken entschieden Arthur und ich, diese „bedeutende“ Summe reiche gerade

---

28 2.000 neue Francs, also etwa 350 Euro.

für einen Urlaub. Also fuhren wir mit zwei befreundeten Paaren nach Italien.

Nachdem wir einen Matford und einen Hotchkiss gefahren hatten – Fabrikbesitz verpflichtet – fanden wir uns jetzt in einem Renault 4 CV, dessen Türen mit einer Kordel geöffnet wurden. Der Innenraum war wirklich sehr eng, aber die Reise erschien uns wunderbar.

Fern aller Sorgen bewunderten wir die alten Häuser von Genua und die Kanäle von Venedig. Unsere beiden jüngeren Kinder waren mit dabei, und es war märchenhaft. Wir waren uns bewusst, dass wir diese besonderen Augenblicke im höchsten Maße genießen mussten, denn bei der Rückkehr erwarteten uns alle Schwierigkeiten, die mit der Auflösung des Unternehmens meines Schwiegervaters und mit unserem Neuanfang im Zeichen der Unabhängigkeit verbunden waren.

Tatsächlich musste ich gleich nach unserer Rückkehr daran gehen, die Geschäftskonten der Firma meines Schwiegervaters in Ordnung zu bringen. Ich musste mich um einen Vergleich bemühen und nach jedem Verkauf von Material, Möbeln, Lagerbeständen und schließlich der Fabrikgebäude selbst die Schulden abtragen.

Dass ich dies alles durchführen konnte, da muss meine Unbewusstheit wohl meine Unkenntnis abgelöst haben. Ich durfte mich mit den Beschwerden der Gläubiger auseinandersetzen, dank derer ich die Geschäftsmänner einzuschätzen lernte. Einige verhielten sich sehr taktvoll, sobald sie meine Lage erkannten. Andere reagierten aufgebracht; aber in diesen Fällen kam mir zum Glück meine Lebenserfahrung zugute, und ich vermochte ihren Forderungen Stand zu halten. Es konnte sogar vorkommen, dass der Leiter der Hausbank meines Schwiegervaters mich im

Warteraum „übersah", trotz all der ausgezeichneten Verbindungen und all der früheren einträglichen Geschäfte. Es war hart, ein Unternehmen aufzulösen, in dem man selbst keinerlei Verantwortung getragen hatte, und völlig mittellos zurückzubleiben.

Dennoch gab es nie eine Situation, die mir wirklich katastrophal erschienen wäre. Ich wusste, dass es für jede Schwierigkeit eine Lösung gab, und meist fanden Arthur und ich sie gemeinsam. Schließlich wurden die Fabrikgebäude an den *Club Méditerranée* verkauft, und so konnten wir die letzten Schulden begleichen.

Während dieser Zeit genas Papa Jurek langsam von seiner Krankheit, und bald kehrte er zusammen mit seiner Frau nach Paris zurück. Sie bezogen eine kleine Wohnung in der Rue du Château, und dort fuhr mein Schwiegervater fort zu schreiben und zu malen, aber er weigerte sich, irgendeine lukrativere Tätigkeit aufzunehmen.

Dank des Eifers, mit dem ich die Grundlagen der einzelnen in der Fabrik angewendeten Techniken erlernte, konnte ich mehrere Unternehmen als Firmenrepräsentantin vertreten. Ich verkaufte zahlreiche Artikel, zum Beispiel Metallblätter, Schrauben, Nieten und schließlich Haushaltszubehör.

Nie werde ich meinen ersten Besuch in einer Fabrik in der Provinz vergessen, bei der Firma Buyer. Ich hatte einen Termin mit dem Besitzer vereinbart, einem distinguierten, charmanten und höflichen Mann. Als ich sein Büro betrat, fragte er sich offenbar, was ihm diese junge Frau wohl vorschlagen wollte. Damals verkehrten in einer Fabrik nämlich außer den Arbeiterinnen und den Sekretärinnen überhaupt keine Frauen. Am Ende unseres Gesprächs war dieser Industrielle von meinen technischen Kenntnissen überzeugt, er begann sich für die angebotenen Artikel zu interessieren und wurde schließlich einer meiner besten Kunden. Weit über ein persönliches Erfolgserlebnis hinaus war dies eine ernstzunehmende Ermutigung für die Zukunft.

Nachdem ich einige Jahre lang in verschiedenen Firmen gearbeitet hatte und per Kommission auf den jeweiligen Umsatz bezahlt worden war, stellte die Leitung mehrerer Unternehmen fest, dass ich besser verdiente als die Geschäftsleitung.

Zu Beginn dieser Zeit hatte ich erneut mehrfach Anlass zu gesundheitlicher Sorge. Nach der Tuberkulose und einer Furunkulose fragte ich mich: „Werde ich denn wohl irgend wann einmal eine Frau wie alle anderen sein?" Der Beruf und meine Alltagspflichten mit den Kindern ließen mir jedoch nicht viel Zeit zum Grübeln und vielleicht war das auch besser so.

Da ich dazu neigte, allen Armen und Leidenden helfen zu wollen, sprach ich mit Leuten auf der Straße und im Bus, und oft konnte ich ihnen tatsächlich helfen. Ebenso verfuhr ich bei der Auswahl des Personals, das mich bei der Hausarbeit unterstützen sollte: Ich stellte eine junge Frau ein, die als Prostituierte gearbeitet und sich dann zum Familienleben bekehrt hatte, eine „trockene" Alkoholikerin, die zu ihrer Zeit distinguiert, jetzt aber zahnlos und bei schlechter Gesundheit war. Ich schickte sie zum Zahnarzt und zum Frisör, und sie wurde eine meiner besten Hausangestellten.

Mama Rosa und Papa Jurek hatten es schon seit langem abgelehnt, mich bei den Kindern zu unterstützen. Für sie begann ein ruhigerer Lebensabschnitt als Rentner. Ich hatte es nicht geschafft, Papa Jurek zur Rückkehr ins Berufsleben zu bewegen. Sie hatten beide keine Kraft mehr. Ich hätte mir gewünscht, sie hätten eine Buchhandlung oder eine Galerie gehabt, denn beides hätte so sehr den Neigungen meines Schwiegervaters und meiner Familie entsprochen. Stattdessen zogen meine Schwiegereltern es vor, ihre Tage in Israel zu beschließen.

Vor ihrer Abreise besuchten sie uns und teilten uns eine unerwartete Neuigkeit mit. Die Deutschen hatten die Auszahlung eines Schmerzensgeldes an die Kriegsopfer beschlossen. Meine erste Reaktion war: „Meine Eltern können sie mir nicht bezahlen, ich werde nichts annehmen!" Ein paar Wochen vergingen, und in dieser Zeit überzeugten mich mehrere Menschen aus meiner Umgebung, meine Einstellung zu ändern. Grund dazu gab es mehr als genug, denn nach dem wirtschaftlichen Zusammenbruch meines Schwiegervaters brauchten wir Geld, ich durfte meiner Familie eine so wertvolle Unterstützung nicht vorenthalten und schließlich: Wenn ich dieses Geld nicht nahm, würde die deutsche Regierung davon profitieren. Nach reiflicher Überlegung entschloss ich mich, den Antrag zu stellen. Nach einem Besuch bei einem von den Deutschen bestimmten Arzt bekam ich einen positiven Bescheid. Ich würde eine Rente bekommen, wenn auch keine sehr hohe, aber ich entschied sofort, sie für den Urlaub mit unseren Kindern zu verwenden.

Die eigene Firma

Da ich außerdem eine Nachzahlung meiner Rente aus den vergangenen Jahren erhalten hatte, nutzten wir dieses Geld als Startkapital beim Aufbau unserer ersten eigenen Firma, *Voluform*. Arthur als einschlägiger Fachmann hatte diesen Namen erfunden. Die Idee bestand in einer Kombination aus „Volumen" und „Form". Der Großteil des Kapitals wurde zur Werkzeugherstellung für die ersten Modelle verwendet, die ich entworfen hatte und die für Produzenten von Haushaltsartikeln bestimmt waren. „Die schönste *queue* Frankreichs ist geboren", so der Slogan, den einer unserer Freunde prägte[29]. Es handelte sich um Stiele und Henkel für Kasserollen, Kessel und schwere Kochtöpfe. Wir verkauften sie zu Hunderttausenden und konnten so unsere Familie ernähren.

Dies war unsere erste Erfahrung in der Zusammenarbeit mit der französischen Großindustrie. Für die Herstellung unserer Modelle schlossen wir einen Vertrag mit der MIOM, einer Tochterfirma der Compagnie Générale d'Électricité, und konnten sehr vernünftige Bedingungen aushandeln.

Zu dieser selben Zeit machte mir ein Freund den Vorschlag, mich bei der Firma Trigano am Aufbau der Exportabteilung zu beteiligen. Es handelte sich um Frankreichs größten Hersteller von Campingartikeln, und jedermann kannte den Slogan „le camping c'est Trigano". Trotz meiner verschiedenen Tätigkeiten erschien dieser Vorschlag

29 *Queue* hat im Französischen sehr vielfältige Bedeutungen, sie reichen etwa vom Stiel eines Kochtopfes und dem beim Billard benutzten Stock über die (Warte-)Schlange bis zum Schwanz (eines Tieres, aber auch als Argot-Ausdruck für einen männlichen Körperteil).

mir interessant, denn ich sollte nur halbtags arbeiten und die finanziellen Aussichten waren viel versprechend.

Wir besprachen uns mit André Trigano, dem jüngsten Sohn der Familie, der für dieses Unternehmen verantwortlich war, da sein Bruder Gilbert bereits die Leitung des *Club Méditerranée* übernommen hatte. Zusammen mit S. Kahn, einem Freund, verpflichtete ich mich, die Exportabteilung aufzubauen. Unsere Büros waren in der Avenue Jean Jaurès, gegenüber dem Campinggeschäft, in dem Vater Trigano als unumschränkter Herrscher regierte. Obwohl er sich aufgrund einer Behinderung nicht frei bewegen konnte, war er geradezu omnipräsent. Den ganzen Tag saß er in seinem großen Sessel und kein Detail im Betrieb entging ihm. Unser Büro genoss jedoch völlige Unabhängigkeit, denn ich hatte André Trigano von vornherein gesagt, dass ich bei der Organisation meines Arbeitsbereiches und bei der Auswahl meines Mitarbeiterteams Handlungsfreiheit brauchte.

Wir einigten uns auf eine Bewerberin, die fließend Französisch, Deutsch und Englisch sprach und über die erforderlichen fachlichen Qualifikationen verfügte. Tatsächlich hatten wir jedoch ein sehr schönfärberisches Foto von ihr bekommen, und so hatten wir zwar eine qualifizierte Sekretärin gefunden, deren Äußeres aber doch ein wenig zu wünschen übrig ließ. Ich habe damals sehr gelacht, aber die Hauptsache war schließlich, dass wir eine ausgezeichnete Sekretärin hatten.

In Köln in Deutschland fand eine internationale Messe statt und bei dieser wichtigen Veranstaltung mussten wir unbedingt vertreten sein. Da mein Teampartner nicht Deutsch sprach, war meine Anwesenheit vor Ort erforderlich.

Zu Hause sprachen wir damals nie über den Krieg. Die Kinder wussten, dass ich es weder ertrug, Erzählungen zu hören noch Bilder zu sehen, und diese ganze kleine Gesellschaft warnte mich im Chor: „Isa, pass auf, komm nicht her (vor den Fernseher), das ist nichts für Dich." Dennoch erlebten sie es einige Male mit, dass meine Erinnerungen plötzlich zurückfluteten und eine Krise auslösten.

Und da erforderte mein Beruf auf einmal eine kurze Reise nach Deutschland. Ich beschloss hinzufahren, denn die beruflichen Verpflichtungen, die ich eingegangen war, rangierten vor jeglicher persönlichen Erwägung. Manche Leute konnten mich nicht verstehen, aber für mich selbst war alles völlig klar.

Ich fuhr also als Repräsentantin der Firma Trigano Camping nach Köln. Zwar versuchten einige Deutsche mir zu sagen: „Ich war kein Nazi, ich habe nicht mit ihnen zusammengearbeitet", aber ich beendete das Thema jedes Mal sofort: „Ich bin beruflich hier und werde über nichts anderes sprechen." Niemand widersetzte sich meinem Ansinnen. Stattdessen kam Bundeskanzler Adenauer persönlich an unseren Messestand, schüttelte mir die Hand und gratulierte mir. Ich hatte Grund zur Zufriedenheit, denn von allen ausländischen Ausstellern in Köln hatten wir den höchsten Umsatz erzielt. Auch mit einem deutschen Unternehmen, das im Winter Skier verkaufte, hatte ich Verhandlungen aufgenommen. Im Sommer würde das Team die Artikel der Firma Trigano auf den Markt bringen können.

Sofort kam André Trigano nach Köln, in Begleitung eines feisten Mannes. Er stellte ihn mir als meinen zukünftigen Mitarbeiter vor und verstieß damit gegen unsere frühere Abmachung. Das Gespräch mit mir eröffnete der betreffende Mann mit den Worten: „Ich bin autoritär." – „Das trifft sich gut, ich nämlich auch", antwortete ich, wie aus der Pistole geschossen. Mein Entschluss stand sofort fest: Mit diesem Kerl wollte ich nicht zusammenarbeiten. Nachdem ich gehört hatte, wie er seine Projekte vorstellte – eine Niederlassung in Deutschland, eine in Österreich und eine dritte in England, und dies alles entgegen meiner eigenen Überzeugung, wonach wir uns mit den Leuten vor Ort zusammenschließen und die Kosten beim Start eines Unternehmens niedrig halten sollten – machte ich meine Position deutlich, sprach jedoch noch nicht von Kündigung, denn ich wollte erst nach Paris zurückkehren und dort meinen Teamkollegen S. Kahn informieren. Ich sagte ihm, ich würde einen Gesprächstermin mit Gilbert Trigano vereinbaren, der, obwohl er sich in erster Linie um den *Club Méditerranée* kümmerte, doch zur Geschäftsleitung von *Trigano Camping* gehörte.

Für mich war dies der einzig mögliche Weg, mich nicht mit Familie Trigano zu überwerfen und meinen Abschied zu nehmen, ohne das Gesicht zu verlieren und ohne André Trigano zu kränken. S. Kahn konnte mein Verhalten nicht recht nachvollziehen, denn wir waren in erster Linie an den Ergebnissen interessiert und hatten in relativ kurzer Zeit bedeutende Summen eingenommen. Er hatte Lust weiterzumachen. Also suchte ich allein Gilbert Trigano auf und fand ihn genial. Sein Esprit und seine Sicht des Lebens waren einfach hinreißend. Wir blieben noch lange in freundschaftlichem Kontakt.

Auch damals brauchte ich Geld, aber ich wollte es lieber auf meine eigene Art und Weise verdienen. Der Aufbau unserer Firma Voluform würde mir dies ermöglichen, ohne dass ich dabei allzu viele Zugeständnisse würde machen müssen.

Zu Anfang halfen die Kinder uns bei der Arbeit. Wir setzten uns um den Tisch, und alle waren damit beschäftigt, die Zubehörteile zusammenzusetzen, von denen einige aus Metall waren und andere aus Bakelit. Über diese manuelle Tätigkeit hinaus war Arthur für Buchführung und Lagerverwaltung zuständig und überwachte die Lieferungen, während das Design und die Vermarktung der Produkte meine Aufgabenbereiche waren.

Der große Nachteil dieses Berufes lag in den hohen Kosten der Formen für die Herstellung der einzelnen Teile. Es kam also darauf an, beim Entwurf der Modelle keinen Fehler zu machen, denn Irrtümer konnten nicht mehr rückgängig gemacht werden. Ich muss damals ganz schön unbedacht gewesen sein, denn ich habe nie Angst gehabt. Tatsächlich empfand ich dieses Gefühl überhaupt so gut wie nie. Lediglich Gesundheit und Wohlergehen meiner Kinder hätten mich beunruhigen können.

Damals ließ der Verkauf großer Stückzahlen von Haushaltsartikeln an Fabrikanten mir dennoch ein wenig freie Zeit. Ich erwog also den Aufbau einer Melaminserie für Kindergeschirr, Schiffsrestaurants und Einzelhaushalte sowie Werbeartikel. Da unser einziger Konkurrent auf diesem Gebiet die Exklusivrechte an den Bildern von Walt Disney nutzte, kam mir die Idee, Figuren aus dem französischen Fernsehen zu übernehmen. So umfasste dann das gesamte Geschirr, das wir für Kinder herstellten, die Figuren aus den Sendungen *Bonne nuit, les petits* und *Pollux* und später Figuren aus Kinderbüchern wie etwa *Tintin*,

Astérix usw.[30] Ich begegnete den „Papas" all dieser Figuren und musste feststellen, dass es in diesem Beruf – wie übrigens in vielen anderen auch – keine „Mamas" gab.

Dank meines Vorschlags entdeckte das französische Fernsehen das System der Zweitvermarktung, das in Frankreich bis dahin praktisch unbekannt war.

Um Geschirr für Erwachsene als eigenen Geschäftsbereich zu entwickeln, setzte ich mich mit Zeichnern und Designern in Verbindung. Die Zusammenarbeit mit ihnen fiel mir jedoch sehr schwer, denn sie machten zwar großartige Zeichnungen, aber die Gegenstände ließen sich nicht realisieren. Wenn ich davon sprach, dass die einzelnen Teile aus einer Form herausgenommen werden mussten, machten diese Leute ein verdutztes Gesicht und waren völlig erstaunt, dass wir uns nicht ihren Ansprüchen anpassen konnten. Ich musste dann jedes Mal sehr fest bleiben und ihnen erklären, dass ihre Kreationen ohne ein Minimum an technischen Kenntnissen keinen Pfifferling wert waren und eine Zusammenarbeit zwischen ihnen und den Herstellern daher nicht in Frage kam.

Andererseits muss ich zugeben, dass ich Dank meiner häufigen Kontakte zu Technikern und Arbeitern doch einige Projekte realisieren konnte, die auf dem Papier keineswegs danach ausgesehen hatten. Ich fand Geschmack daran, meine Objekte industriell gefertigt zu sehen. Nahezu täglich lud Arthur mich in die Werkstatt ein, wo ich seine Neuentwicklungen komplizierter Teile bewundern sollte, und ganz zweifellos haben diese Besuche mich mit den unterschiedlichen Techniken vertraut gemacht. Kurzum, wie ein Fisch im Wasser bewegte ich mich inmitten

---

30 Die Sendung *Bonne nuit, les petits* wurde vor dem Zubettgehen ausgestrahlt, und die Comic-Serie *Tintin* heißt in Deutschland *Tim und Struppi.*

der Arbeiter, der Maschinen und Pressen, der Drehbänke und Bohrmaschinen. Wenn die obersten Unternehmenschefs uns die Fabriken besichtigen ließen und sich bei den anwesenden Frauen – in diesem Falle meiner Repräsentantin und mir selbst – entschuldigten, weil es vielleicht ein wenig Schmutz geben könnte, musste ich mir immer das Lachen verkneifen. Schließlich und endlich habe ich meine Arbeit in der französischen Industrie sehr gemocht. Es gelang uns, immer gepflegtere und immer ästhetischere Gebrauchsartikel herauszubringen. Als ich einmal das Kunstgewerbemuseum in der Rue de Rivoli in Paris besuchte, entdeckte ich dort zu meiner Überraschung unter dem Markennamen Voluform die Gegenstände, die ich entworfen hatte.

Tatsächlich hatten wir einige Modelle für die Auswahl zu *Formes Utiles* eingereicht, wo Haushalts- und Tischwaren mit Preisen ausgezeichnet werden. Aber wer wusste schon, dass ich hinter den Schöpfungen von *Voluform* stand?

Familienleben

Bald standen wir vor einer grundlegenden Entscheidung. Seit Jahren schon gingen unsere Kinder in Saint-Maur zur Schule. Die Erinnerungen an die Vorschule[31] waren fantastisch, denn die Kinder hatten gezeichnet, Ausstellungen gemacht und Theateraufführungen organisiert. Danach wurden die Dinge komplizierter. Ich arbeitete immer mehr außer Haus, Arthur ebenfalls, und wenn wir nach Hause kamen, fanden wir manchmal einen versehentlich abgebrochenen Zahn, ein Knie musste im Krankenhaus genäht werden, oder ähnliche andere Dinge kamen vor. Einmal sah ich, wie meine drei Phänomene einer nach dem anderen durch die Haustür herein kamen, aber ich sah nie, wie sie hinausgingen... Durch dieses „Wunder" aufgeschreckt, stellte ich fest, dass Marc seinen Brüdern beigebracht hatte, wie man aus dem Fenster stieg, aufs Garagendach sprang, in den Hof hinunter kletterte und durch die Tür wieder ins Haus ging!

Ein anderes Mal bemerkten wir, dass Stanislas allein aus der Schule gekommen war, während die drei Brüder normalerweise entsprechend unserer Anweisung gemeinsam nach Hause kamen. Auf meine Frage: „Wo sind deine Brüder?" antwortete er: „Sie prügeln sich." – „Und was machst du dann hier? Hol sie!" Aber Stanislas mochte sich nicht prügeln.

Fast jedes Wochenende fuhren wir mit den Kindern in den Wald von Fontainebleau. Einmal hatte Stanislas eine

---

31 Die französische *école maternelle* weist zu den meisten deutschen Kindergärten einen bedeutenden Unterschied auf, denn hier können die Kinder nicht nur spielen, sondern auch erste Erfahrungen im Lesen, Schreiben, Rechnen usw. machen; die typisch deutsche Trennung zwischen (idyllischem) „Kinder-Garten" und der Schule als „Ernst des Lebens" ist in Frankreich unbekannt.

Dummheit gemacht und sollte zur Strafe zu Hause bleiben. Wir trafen diese Entscheidung schweren Herzens, aber von Zeit zu Zeit musste man eben Strenge walten lassen. Welche Überraschung also, als die Buben uns die Stirn boten und erklärten: „Wir bleiben alle drei zu Hause." So fuhren wir allein.

Geburtstagsfeier für Marc, Mitte der fünfziger Jahre
(v.l.n.r.: Isabelle, Nicolas, Stanislas, Marc)

Einmal haben wir über die Sommerferien in Thoméry, in der Nähe von Fontainebleau ein Haus gemietet. So konnte Arthur uns an den Wochenenden rasch besuchen kommen.

In Begleitung einer jungen Frau, die auf meine drei Söhne aufpassen sollte, fuhr ich los. Das Haus lag sehr nah am Ufer der Seine, und die Straße führte zu einem sehr schönen Strand.

Rasch schloss ich mit einem charmanten Ehepaar Bekanntschaft, das diesen öffentlichen Strand nutzte: „Jacques Raymond" war einer der bekanntesten Jazztrompeter in Frankreich, und „Poupette“, eine reizende Frau, hatte das Théâtre de Belleville geleitet.

Meine drei Bengel halfen mir, die Herzen der beiden zu erobern, denn sie folgten ihnen getreulich zu Tisch und verputzten mit Vergnügen die gerösteten Brotscheiben, die ihnen angeboten wurden. Angesichts ihres guten Aussehens kamen wir jedoch nicht in Verdacht, wir ließen sie hungern. Anschließend kletterten meine Jungs auf den Spielplätzen herum und gingen ins Freibad in der Seine.

Eines Tages hatte sich die junge Frau, die auf sie aufpasste, über eine tadelnde Bemerkung unsererseits geärgert und nannte uns „dreckige Juden“. Dies war das erste und einzige Mal, dass wir jemanden mitsamt seinem Koffer auf die Straße gesetzt haben. Die junge Frau ging zu unseren Freunden ins Schwimmbad und beklagte sich, aber als sie den Hintergrund des Problems und ihre Entgegnung geschildert hatte, fand sie sich erneut auf der Straße. Auf diese Weise erfuhren wir, dass unsere Freunde Juden waren; sie stammte aus Polen und er aus Oran in Algerien.

Poupette hatte einen Sohn namens Serge aus erster Ehe, einen sehr talentierten Jungen, der unsere Kinder sehr mochte. Er schrieb Gedichte und sang und stellte mehrere Alben mit künstlerischen Fotos von uns zusammen. Viele Jahre lang gehörte er zu unserem Freundeskreis.

Eines Tages kam eine Frau zu unserem Haus, ihren Sohn an der Hand, und wutentbrannt erklärte sie mir: „Ihr Sohn Marc hat meinen Jungen geschlagen.“ – „Und warum?“, antwortete ich, denn die Sache war mir unklar. Ich rief Marc dazu und fragte ihn. Ruhig antwortete er: „Dieser Junge hat mich ‚dreckiger Jude‘ genannt.“ Ich habe die Mutter dann angesehen und ihr gesagt: „Jedes Mal, wenn Ihr Sohn so etwas sagt, wird er Dresche kriegen.“

Ich habe in dieser Sache nie mehr auch nur das Geringste gehört.

Ich komme auf die vordringliche Grundentscheidung zurück, die in Folge mehrerer Vorfälle anstand. Zuerst war Marc vom Gymnasium geflogen, denn statt zur Schule zu gehen hing er lieber mit Mädchen herum. Er war ein sehr gut aussehender und beliebter Junge und konnte nur schwer „nein" sagen. Unsere Arbeit beschäftigte und sorgte uns sehr, zumal wir einsahen, dass wir unseren Söhnen weder bei den Hausaufgaben helfen noch für ihre Beaufsichtigung sorgen konnten. Im Übrigen war unsere finanzielle Situation alles andere als stabil und es fiel uns schwer, wie früher jemanden zu unserer Unterstützung einzustellen. Alles in allem hielten wir schließlich ein Internat für die beste Lösung. Wir dachten, auf diese Weise hätten unsere Söhne schulische Unterstützung. Wir suchten für sie das Gymnasium von Fontainebleau aus, dort gab es viel freie Landschaft und obendrein noch ein Sportangebot[32].

Wir selbst verpflichteten uns, sämtliche Wochenenden und die Ferien ausschließlich mit unseren Söhnen zu verbringen. Niemals haben wir jemand eingeladen, den unsere Kinder nicht sehen wollten. Meine Söhne und Arthur sagen, sie hätten enorm unter dieser „Organisation" gelitten. Sonntags konnte Arthur die Jungen nur schwer ins Auto bekommen. Stanislas – heute leuchtet mir das ein – war unglücklich, denn er war gern allein. Ich bemerkte von all dem nichts und litt auch nicht, auch die allwöchentliche Trennung machte mich nicht traurig, denn ich wusste ja, dass ich meine Söhne an jedem Wochenende wieder sah. Ich hatte nur Augen für ihre Ausbildung und ihre Unterstützung im Internat. War ich ein Monster? Ein

32 Im französischen Gymnasium spielen die musischen Fächer und Sport meist eine noch weit geringere Rolle als in Deutschland.

fühlloses Wesen? Ganz im Gegenteil, denn später war ich sehr unglücklich, als Stanislas mir klar machte, wie hart dieses Internat für ihn gewesen war. Danach vertrauten auch Nicolas und Marc mir an, dass die Angestellten ihnen nicht bei den Aufgaben halfen, dass die Bedingungen im Internat überhaupt alles andere als ideal waren und dass alle drei viel lieber zu Hause geblieben wären. Leider konnte ich das Geschehene nicht rückgängig machen und es wird mir immer Leid tun. Immerhin hatte ich mich um eine Aussprache bemüht, nachdem ich zufällig gehört hatte, wie einer meiner Söhne rief: „Los, zurück ins *bagne*!“[33]

In diesen wenigen Jahren hatte unsere Firma einen beträchtlichen Aufschwung erlebt, und Arthur konnte wieder seiner Vorliebe für schöne Autos frönen. Die Zeiten des 4 CV als Firmenwagen, dessen Türen mit Kordeln geöffnet wurden, waren schon lange vorbei. Zusammen mit unserem Freund Roland, einem Fernsehjournalisten, hatte Arthur die Automobilausstellung besucht und einen englischen Sportwagen bestellt, einen Triumph TR 3, eigentlich ein Zweisitzer. Als wir die Kinder das erste Mal vom Gymnasium abholten, haben sie das Ereignis aber trotzdem gefeiert. Das Auto war großartig, aber wie sollten wir zu fünft darin unterkommen? Alles eine Frage der Organisation! Trotzdem war es ziemlich lustig, die Gesichter der Leute zu beobachten, wenn sie sahen, wie wir mühsam aus dem Triumph krabbelten. Danach hatten wir ein paar sehr viel geräumigere Maseratis. Ganz ohne Zweifel hatte Arthur sich seinen Kindheitstraum erfüllt, denn niemand durfte seine Spielsachen anfassen.

---

33 *Bagne*: Zwangsarbeitssystem für Straffällige, das in Frankreich noch bis 1946 bestand.

Ich selbst entdeckte damals ein anderes Spiel: das Bauen. Ein alter Traum, ein Haus auf dem Land, im Wald, zu besitzen, sollte wahr werden.

Tatsächlich hatten wir zwischenzeitlich aus beruflichen Gründen ins Stadtzentrum von Paris umziehen müssen. Unsere Büroräume richteten wir im selben Gebäude in der Rue de Provence ein wie unsere Wohnung, in einem Stadtviertel, das damals stark von pittoresken „Bordsteinschwalben“ frequentiert wurde.

Wir vermissten aber die ländliche Umgebung. Bei unseren vielen Fahrten nach Fontainebleau hatten wir ein Grundstück gefunden, einen sehr steilen Hügel am Rand des Staatsforstes, aber ohne eigenen Zugang, was wohl nicht wenige Interessenten abgeschreckt hatte. Diese Lage, nur wenige Kilometer von Fontainebleau entfernt, entsprach perfekt unseren Vorstellungen, und Schwierigkeiten waren kein echtes Hindernis.

Die Bäume waren prächtig und der Boden in der nahen Umgebung voller Pilze, also zum Teufel mit den Schwierigkeiten, der Hanglage und den Felsen – all das würde sich schon finden. Tatsächlich musste erst eine richtige Straße angelegt werden, damit man da hinauf kam, und ein paar Felsen mussten gesprengt werden, damit das Haus gebaut werden konnte. Mit Unterstützung eines befreundeten Architekten und eines aus Italien stammenden Maurers, dessen Spezialgebiet Kamine waren, entstand auf dem Hügel ein schönes modernes Haus. Von unten war es kaum zu sehen. Aber wenn man dann auf einer großen Terrasse ankam, die von einem Baum und einem Felsen in ihrer Mitte beherrscht wurde, dann entsprach das Haus perfekt dem, was mir vorgeschwebt hatte. Die Inneneinrichtung umfasste auch ein paar originelle Elemente. Dazu gehörten ein Kamin, den unser Maurer mitten im Wohnraum gebaut hatte und der trotz der Luftströme von allen Seiten perfekt funktionierte, und ein Mezzanin, das ein befreundeter Filmemacher eingerichtet hatte. Als Zimmer hatte er Theater-Logen entworfen. Die Räume im Erdgeschoss hinzugerechnet, konnten wir ziemlich viele Leute unterbringen. Ich glaube, wir alle haben in diesem Haus sehr glückliche Augenblicke erlebt.

Damals zogen Papa Jurek und Mama Rosa in eine Wohnung in der Rue du Château, in das Stadtviertel, das sie sehr mochten. Erst später fiel mir auf, dass wir sie nur ziemlich selten besucht haben. Meine Schwiegereltern hatten das Talent, sich kleine und kaum bewohnbare Wohnungen auszusuchen. Man konnte praktisch keine bequemen Sitzmöbel aufstellen, und ich muss sagen, nach einem zehn- bis zwölfstündigen Arbeitstag sehnten wir uns nach einem Ort, an dem wir uns entspannen und erholen konnten. Trotzdem interessierte ich mich immer noch sehr für Bücher und Kunst, vor allem für Malerei. Ich wäre überglücklich gewesen, von den Kenntnissen meines Schwiegervaters auf diesem Gebiet profitieren zu können. Nachdem er sein ganzes Leben mit Poesie und Schreiben verbracht hatte, hatte Papa Jurek sich nun wieder dem Zeichnen zugewandt, mit dem er in jungen Jahren begonnen hatte. Seine Tuschezeichnungen habe ich immer bemerkenswert gefunden und seine Malerei ziemlich mittelmäßig, denn damit hatte er sicher zu spät angefangen.

Gewöhnlich verkehrten meine Schwiegereltern mit vielen Künstlern, die auch wir schätzten: Shedlin[34], der von der Gestapo gefoltert worden war, hatte mit Picasso gearbeitet; zu diesem Kreis gehörten auch der Schriftsteller

---

34 Réginald Shedlin (1908-1988).

und Maler Topalian[35], Thevenot[36], Wostan[37], Ozenda[38] und Mucha[39], der vor allem in den Vereinigten Staaten Erfolg hatte, und noch viele andere.

Ich wäre ihnen gern öfter begegnet, aber wir hatten nur wenig freie Zeit. Trotz unserer beharrlichen Einladungen kamen meine Schwiegereltern nicht oft nach Fontainebleau, denn sie waren sehr häuslich.

Nach einigen Jahren in Israel beschlossen sie, sich endgültig in Tel Aviv niederzulassen.

Dort trafen sie alte Freunde wieder. Papa Jurek konnte seine Werke in einer schönen Galerie ausstellen, die beiden gingen ins Theater und ihr Leben war leichter, zumal wir vor ihrer Abreise beschlossen hatten, vor Ort eine Wohnung zu kaufen, um ihnen alle Mietsorgen zu ersparen. Marc machte gerade ein Praktikum bei einem Architekten in Israel, und wir baten ihn um Hilfe beim Aussuchen der Wohnung. Mehrere Jahre lang schickten uns die Eltern immer wieder begeisterte Briefe.

Wir besuchten sie ziemlich oft und freuten uns mit ihnen. Dann wurde Papa Jurek schwer krank. Die Diag-

---

35 Topalian (1902-1970), armenischer Schriftsteller.

36 Jean Thévenot (1916-1983), französischer Journalist und Radio- und TV-Produzent, nach der Befreiung Frankreichs nach dem Krieg Generalsekretär des Französischen Rundfunks, bekannt v. a. durch seine Radiosendungen, etwa die Reihe *C'était la France* (Das war Frankreich), mit der er Radioamateure unterstützte.

37 Stanislav Wostan, polnischer Maler (1915-1989).

38 François Ozenda (1923-1976), Maler und Dichter. Sein Werk ist geprägt von surrealistischen, mystischen und esoterischen Elementen.

39 Alfons Mucha (1860-1939), tschechischer Graphiker und Kunstgewerbler, seit 1888 in Paris.

nose traf uns wie ein Hammerschlag: Er hatte eine schlechte Durchblutung des Gehirns und erlitt immer wieder kurze Ohnmachtsanfälle. Diese Krankheit ist für die Umgebung des Kranken äußerst strapaziös, und so blieb Mama Rosa nichts anderes übrig, als Papa Jurek in einer Spezialklinik unterzubringen. Sie hat diesen Schock nur sehr schwer verwunden, denn für ihr Empfinden war ihr Gott wahnsinnig geworden. Ich konnte ihr noch so oft erklären, dass dies zu den Auswirkungen seiner Krankheit gehörte – ich glaube, sie gab nur vor, es zu verstehen.

Immer öfter reiste ich nach Israel. Dort tröstete ich Mama Rosa und ging – allein – Papa Jurek besuchen. Er stellte mir seine neuen Freunde vor, unter anderem einen General, der gerade eine Schlacht vorbereitete, der war sein Zimmernachbar. Ich bekam Zugang zu der imaginären Welt, in der diese Menschen lebten. Ich konnte mich sofort darauf einstellen und bei jedem meiner Besuche erwartete mich ein kleines Grüppchen, um mich zu Papa Jurek zu begleiten. Für kurze Zeit war Papa Jurek hellsichtig, und so kündigte er mir den Tod seiner geliebten Frau an, obwohl niemand ihn darüber informiert hatte. Tatsächlich hatten wir alle Mühen aufgewandt, uns um sie zu kümmern, ohne dass er davon erfahren sollte. Wir holten sie zu uns nach Paris, aber Mama Rosa fand an nichts mehr Freude und verfiel zusehends. Ein wenig spät war sie wegen Magenkrebs operiert worden. Ich habe ihr die ganze Zeit beigestanden, aber trotz aller Pflege war sie verloren. Sie verlosch noch während ihres Aufenthalts im Krankenhaus. Ihre Traurigkeit und ihre Schmerzen berührten mich zutiefst.

Gleich nach dem – zum Glück so kurzen – Sechstagekrieg konnten wir auch Papa Jurek nach Frankreich zurückholen. Sein Zustand zwang uns, ihn wieder stationär unterzubringen. Er starb drei Monate nach seiner Frau.

Ich wurde damals immer wieder von Angstzuständen überwältigt. Auf der Straße fielen mir nur noch alte und kranke Menschen auf. Wie viel Traurigkeit! Arthur ging es nicht viel besser. Wir machten eine schwere Zeit durch.

Nach einer Trauerzeit begleitete Stanislas mich, um die Angelegenheiten der Eltern in Israel zu regeln. Seine Anwesenheit war mir eine große Hilfe.

Wie immer gewann das Leben wieder die Oberhand. Ich war jung, ich lebte in einer Welt, in der etwas los war, ich hatte einen Mann und Kinder.

Nach einem Aufenthalt auf dem Felsen von Fontainebleau, unserem Lieblingsplätzchen zum Nachdenken, beschlossen Arthur und ich, unsere Firma zu verkaufen. Wir kamen zu dem Schluss, in dieser Branche, in der gerade die riesengroßen Unternehmen entstanden, könne ein kleiner Vertrieb für Plastikgegenstände ohne besondere Spezialisierung wie etwa ein Patent nicht überleben.

Das Glück war uns ein weiteres Mal hold. In einer Geschäftsbank trafen wir uns mit Mittelsleuten, die wir mit dem Verkauf unserer Firma beauftragten. Diese Leute hatten die Funktion, Fusionen oder Übernahmen von Betrieben vorzunehmen, damit sich große Unternehmensgruppen bilden konnten.

Die *Charbonnages de France*[40]

Das richtige Angebot kam von den *Charbonnages de France* und wurde vom Unternehmen *Houillères du Nord et du Pas de Calais* vermittelt. Es war Teil eines umfassenden Plans zur Konversion des Kohlebergbaus. Die Kohlebergwerke wurden eines nach dem anderen geschlossen, und zahlreiche lokale Arbeitskräfte wurden entlassen. Eine Lösung musste vor Ort gefunden werden, denn die Familien wollten nicht wegziehen.

Eines der Riesenprojekte von *Houillères* bestand darin, Firmen unterschiedlicher Art aufzukaufen, die Plastikgegenstände vermarkteten – Plastik galt als das Material der Zukunft – und in Nordfrankreich zahlreiche Fabriken anzusiedeln, um die Bergleute in dieser Industrie zu beschäftigen.

Wir hatten die Entscheidung, unsere Firma zu verkaufen, zum bestmöglichen Zeitpunkt getroffen und die Verhandlungen brauchten nicht viel Zeit. Zum ersten Mal in unserem Leben verfügten wir über ein nicht unbeträchtliches Kapital. Wir trugen die Schulden ab, die im Lauf mehrerer Jahre entstanden waren.

Die Leitung von *Houillères* bot uns an, unsere Tätigkeit im Vertriebsbereich fortzusetzen und so an der Umschulung des Bergbaupersonals mitzuwirken.

Mit diesen Bergleuten umzugehen, die ihre Arbeit verloren, weil die Bergwerke geschlossen wurden, und sie umzuschulen, erfüllte uns mit tiefer Befriedigung.

---

40 *Charbonnages de France*: staatliches französisches Kohlebergbauunternehmen.

Ich Dussel hatte mir immer vorgestellt, der Norden Frankreichs und die Bergwerke seien eine Hochburg der Sozialisten. Wie groß war also meine Überraschung, als ich feststellte, dass sich die leitenden Herren zu ihren Besprechungen immer in Privathäusern trafen und dass die Mahlzeiten dort „auf französische Art" serviert wurden, nämlich von weiß behandschuhtem Personal! Die Tiefbauingenieure bildeten eine Elite und fühlten sich denen vom Hochbau überlegen. Sie hatten alle ein schwarzes Auto, immer – ihrer wichtigen Funktion entsprechend – das neueste Modell, ein Haus und Dienstpersonal.

Unsere Arbeit spielte sich hauptsächlich in Paris ab, aber in regelmäßigen Abständen mussten wir in den Norden fahren. Ich begann das Leben einer hohen Beamtin zu führen – aber nur äußerlich. Oft fuhr ich mit dem Zug von Paris nach Arras, zum Firmensitz der Houillères du Nord.

Der Fahrer, der mich am Bahnhof erwartete, erzählte mir einmal, dass er den Ersten Weltkrieg als Kind erlebt hatte. Vor den Sitzungen fuhr er mich zu den Friedhöfen, wo aus all den Ländern die jungen Leute ruhen, die im Kampf getötet worden waren. Vor meinem inneren Auge sah ich die Reihen junger Männer, aufrecht stehend, lebendig, wie sie salutierten und das Bild der schnurgerade aufgereihten Gräber wird in meiner Vorstellung immer diesem anderen Bild gegenüberstehen.

Nach meiner Ankunft in Arras – oft war ich allein – nahm ich an den Besprechungen der Männer teil. Rasch begriff ich, dass all diese Bergbauingenieure, Absolventen der höchsten Bildungseinrichtungen wie der polytechnischen Hochschule, *Centraliens*[41] und der *École des Hautes Études du Commerce*[42] den Unternehmen angehört hatten, die von den Houillères übernommen worden waren und dass sie im Grunde nur ein einziges Ziel verfolgten: Sie wollten unbedingt in die Generaldirektion oder vielleicht noch die Finanzdirektion kommen.

Meine eigenen Pläne sahen ganz anders aus. Ich hatte die Situation der Unternehmensgruppe analysiert und festgestellt, dass sich die Forschungen mehrerer Abteilungen überschnitten. Ganz offensichtlich musste also eine zentrale Einheit aufgebaut werden, die die einzelnen Tätigkeiten koordinieren und neue Entwicklungsschienen untersuchen konnte. Mein Wunsch war wohl gehört worden, denn man schlug mir vor, Herrn K. beim Aufbau dieser neuen Einheit zu unterstützen. Leider währte meine Freude nicht lange. Herr K. verließ die Houillères und ging in die Privatwirtschaft. Die Abteilungsleitung einer Frau anzuvertrauen, noch dazu einer, die keine Zeugnisse vorweisen konnte, kam nicht in Frage, wenn man es mich auch nie hat spüren lassen. Tatsächlich sollte ich anwesend sein, nur eben nicht als Abteilungsleiterin, und vor allem sollte ich darauf achten, keine Wellen zu machen, denn das hätte alle gestört.

Zur selben Zeit verlangte der frühere Abteilungsleiter, ich solle in den Vertrieb zurückkehren. Kurzum, ich nahm wieder an den allgemeinen Besprechungen teil. Eines Tages präsentierte der Ingenieur der technischen Abteilung des Unternehmens die Besonderheiten eines Plastikteils und dann – offenbar in der Annahme, ich sei seine Untergebene – drückte er es mir mit den Worten: „Neh-

41 *Centraliens*: Absolventen der hoch angesehenen *École Centrale* in Paris, „der" Technischen Hochschule überhaupt.

42 Ähnlich hochrangige Hochschule für Wirtschaft, ebenfalls in Paris.

men Sie das mal" in die Hand. Automatisch hatte ich die Hand ausgestreckt, aber dann sah ich ihm in die Augen, und das betreffende Teil fiel vor ihm auf den Boden. Er unterbrach seine Präsentation und sah mich verblüfft an. Ich hatte mich aber schon abgewandt und den Raum verlassen. Mein Entschluss stand fest: Entweder sie übertrugen mir die Leitung der Entwicklungsabteilung, oder sie würden mich auf Probe ein halbes Jahr lang in meiner früheren Position arbeiten lassen, mit der Option, danach zu gehen. Ich musste mich entscheiden. Nach einer vierundzwanzigstündigen Bedenkzeit stand meine Entscheidung fest: Zur großen Verwunderung meiner Kollegen verließ ich *Houillères*. Ich bekam eine Abfindung, aber die war nichts im Vergleich zu denen, die heute üblich sind.

Auch Arthur hatte die Firmengruppe inzwischen verlassen, denn auch er konnte sich nicht mit dem Geist des Hauses anfreunden. Einer der jungen Ingenieure machte mich darauf aufmerksam, dass Arthur in seinem liebsten Interessensbereich überhaupt nicht vorankam, nämlich im Bereich Gastronomie und Wein. Ich überlegte lange, denn da ich in einer skeptischen Einstellung gegenüber aller nicht-geistigen Nahrung erzogen worden war, zögerte ich doch, mich in diese neue Dimension vorzuwagen.

Immerhin kamen wir während unseres Aufenthaltes im Norden auf den Gedanken, eine neue Firma aufzubauen, ein Restaurant. In diesem Unternehmen schlossen sich die Charbonnages de France – vermittelt durch die Houillères du Nord et du Pas de Calais – mit uns zu einer Gesellschaft zusammen.

In der Gegend von Carvin bauten wir einen großen Betrieb zur Herstellung frischer Gerichte auf, die von einem Chefkoch zubereitet wurden. Ein Pilot-Restaurant zur Präsentation wurde vor Ort eingerichtet und von zeitgenössischen Künstlern mit ihren Werken ausgestattet. Wir pendelten zwischen Paris und Carvin. Unser dritter Gesellschafter, der für die technische Fertigstellung des Produkts verantwortlich war, entpuppte sich als fachlich völlig inkompetent. Ich glaube, wir alle hatten einen Schlachthofbesitzer mit einem modernen Nahrungsmitteltechniker verwechselt. Schließlich war das Ensemble fertig: Ich hatte die Verpackung der Gerichte entworfen und Arthur das Fließband eingerichtet; nur eine wichtige Frage war noch ungeklärt, nämlich die Frischhaltung der Lebensmittel, für die unser Gesellschafter zuständig war.

Mit Gästen von der Autobahn und dem Personal der umliegenden Fabriken und Büros war das Restaurant inzwischen während der Woche völlig ausgelastet. An den Wochenenden kamen unsere Kunden aus der örtlichen Umgebung, um Geburtstage und andere Anlässe zu feiern. Arthur, der üblicherweise die Logos und Markennamen schuf, nannte unser neues Unternehmen *Preco*, der Name war inspiriert vom Terminus *prêt à consommer* (verzehrfertig).

Die Bergleute und das gesamte Personal hatten sich schnell an die neuen Strukturen und Arbeitsbedingungen gewöhnt, und als Zeichen ihrer Zufriedenheit halfen uns in Stoßzeiten ganze Familien im Restaurant aus. Nie werde ich das abendliche Bild vergessen, wenn alle Beteiligten da waren und nach der Arbeit an dem großen Tisch bei einem guten Essen zusammen saßen und sich gut gelaunt unterhielten.

Mehrere Monate vergingen, und noch immer hatten wir keine befriedigende Lösung für das Problem der vom Chefkoch zubereiteten frischen Gerichte gefunden. Dieser Punkt schränkte die Ausdehnung unseres Unternehmens ein.

Obwohl mich die Arbeit mit den Leuten aus dem Norden sehr befriedigte, fiel es mir doch angesichts unserer eigenen Situation immer schwerer, zwischen Paris und Lille zu pendeln. Damals beschloss ich, aus der Gesellschaft auszuscheiden und nach meinem Abschied ging auch Arthur. Es tat uns sehr Leid, den Norden und die Bergleute zu verlassen, aber es blieb uns doch der Trost, sie auf einen zukunftsweisenden Weg gebracht zu haben.

Arthurs Idee folgend übernahmen wir dann ein Restaurant im Faubourg Saint Honoré, ganz in der Nähe des Élysée-Palastes, und ich war für die Ausstattung zuständig. Dabei mochte ich Restaurants eigentlich gar nicht: Das Personal interessierte sich einzig und allein für die Verdienstmöglichkeiten, und talentierte und verantwortungsbewusste Küchenchefs waren wirklich dünn gesät. Einen Großteil der Gäste hätte ich am liebsten vor die Tür gesetzt und nur Menschen empfangen, die mir zusagten. Mit einem Wort, ich war eine rundum professionelle Restaurantbesitzerin.

Wenn man das so nennen kann, bot sich uns in Paris eine neue Chance. Wieder einmal war es ein Bankier – einer der wenigen interessanten –, der Arthur anbot, sich als Pächter des Restaurants *Le Totem* im *Musée de l'Homme*[43] zu bewerben. Nachdem er eine den Trickserei-

---

43 *Musée de l'Homme*: Völkerkunde-Museum in Paris, seit einigen Jahren in Umgestaltung, mit den Schwerpunkten Vor- und Frühgeschichte, Anthropologie und Ethnologie. Das an die Universität Paris angegliederte ethnologische Institut des Museums wurde besonders von Marcel Mauss und Lucien Lévy-Bruhl geprägt. Unmittelbar nach der Besatzung Frankreichs durch die Deutschen entstand hier 1940 eine der ersten Widerstandsgruppen, die *Groupe du Musée de l'Homme*. Zu den führenden Persönlichkeiten gehörte die Ethnologin Germaine Tillion, die nach ihrer Rückkehr aus der Deportation das grundlegende Werk zu Ravensbrück veröffentlichte (*Frauenkonzentrationslager Ravensbrück*, deutsche Ausgabe 1998).

en des Personals am Faubourg Saint Honoré geschuldete Depression überstanden hatte, fühlte sich Arthur der Situation wieder völlig gewachsen – zumal er nicht genau wusste, was ihm blühte.

Dabei war das Problem sehr vielschichtig. Im selben Raum mussten nämlich die Besucher und die Angestellten des *Musée de l'Homme* bedient werden. Es sollte also zum einen ein Restaurant sein, in dem man à la carte speisen konnte, und zum anderen eine Kantine. Mir erschien es von Anfang an als ziemlich unmenschlich, Feinschmeckermenüs vor der Nase von Leuten zu servieren, die selbst keinen Anspruch darauf hatten. Wir verlangten, innerhalb des Museums solle ein entsprechender anderer Raum eingerichtet werden, stießen jedoch auf kategorische Ablehnung. Also mussten wir unser Möglichstes tun und reservierten für die Angestellten einen Teil im hinteren Bereich.

Im Übrigen hatte das Museum die jährliche Pacht, verglichen mit der unserer Vorgänger, erheblich heraufgesetzt. Zugegeben – früher war es ein eher fieses Lokal gewesen. Zum Glück gelang es uns, dank unserer Investitionen, unserer Arbeit und unserer Phantasie, diesen besonderen Ort aufzuwerten. Eine Zeit lang setzte Arthur regionale Spezialitäten auf die Speisekarte und später importierte er eine exotische Küche, die mit meinen Ausstellungen haitianischer Kunst in Zusammenhang stand. Er widmete sich auch einem vertieften weinkundlichen Studium und reservierte bestimmte Zeiträume für die Verkaufsförderung von Wein. So wurde damals die feierliche Aufnahme von zwei neuen Mitgliedern in die *Jurade de St Émilion*[44] im Restaurant *Le Totem* begangen.

---

44 *Jurade de St Émilion*: eine zunftähnlich organisierte Bruderschaft von Wein-Spezialisten (Bordeaux).

Arthur nahm sich sogar die Zeit, an der Universität Bordeaux-Talence Kurse in Önologie zu belegen und Degustations-Praktika in Burgund zu machen, an denen ich oft teilnehmen konnte. Er machte riesige fachliche Fortschritte und wurde zu einem der führenden Experten in Frankreich.

Zur selben Zeit organisierte ich im Restaurant *Le Totem* Bilderausstellungen und *dîners-concerts*[45]. Ich führte die Alte Musik ein, denn sie bot den Vorteil, dass Saiteninstrumente und andere leicht zu transportierende Instrumente gespielt wurden. Ich organisierte auch Konzertabende mit bekannten Musikern aus der ganzen Welt. Die erste Ausstellung haitianischer Malerei war ein großer Erfolg. Anschließend plante ich eine weitere, zum Thema „Mystische Erfahrung und Voodoo", aber davon musste ich Abstand nehmen, weil im Lauf desselben Jahres eine große Zahl meiner Maler verstarb. Ich habe noch immer meine schöne Bildersammlung, aber das Projekt selbst blieb in der Schublade.

Ein großes Ereignis fiel ebenfalls in unsere Zeit im Totem: die Versammlung der Sozialistischen Internationale. Die Organisatoren durften die Versammlung zwar im Gartensaal des Trocadéro abhalten, aber keinem Museum war gestattet worden, ihnen einen Raum für den Eröffnungscocktail zu überlassen. Ich hielt das für absolut inakzeptabel, denn schließlich ging es hier nicht um eine politische Versammlung, sondern um einen freundschaftlichen Umtrunk. Wir boten also unseren Saal für diesen Empfang an, allerdings würde der Platz für eine so große Anzahl von Gästen nicht ausreichen. Die Zahl der Einladungen musste also möglichst stark beschränkt werden

45 *Dîners-concerts*: eher feierliche Abendessen mit musikalischer Umrahmung.

und die Organisation des Ordnungsdienstes bereitete uns wirklich Kopfzerbrechen.

Tatsächlich verlief alles ganz wunderbar. François Mitterrand schnitt den riesigen Kuchen an, der aus Deutschland angereiste Willy Brandt wurde mit Ovationen gefeiert und Melina Mercouri bewundert und Jack Lang trat ein wenig laut und autoritär auf, aber im Ganzen doch sehr sympathisch.

Im Alltag des *Totem* stellte die Kantine für die Angestellten aber immer noch ein Problem dar. Für 13 Francs, also etwa 2 Euro, wollten sie ein Feinschmeckermenü bekommen. Sie wogen das Fleisch mit der Hand nach und motzten bei jeder Kleinigkeit. Schließlich fand ich eine Lösung für solche meist ungerechtfertigten Beschwerden. Ich beschloss, mein Mittagessen mit den Museumsangestellten zusammen einzunehmen. Das führte nicht nur dazu, dass die Wogen sich ein wenig glätteten, sondern auf diese Weise lernte ich auch sehr interessante Menschen kennen.

Rasch begriff ich, warum es dem *Musée de l'Homme* schlecht ging. Dort arbeiteten hoch qualifizierte Menschen, die selbst begeistert waren und andere zu begeistern vermochten, aber das Gehalt von fast allen lag nur knapp über dem Smic, dem gesetzlich festgelegten Mindestlohn. Im Lauf der Zeit wurden ihre Motivation, ihre Leistungen und ihre Stimmung immer schlechter.

Damals erlebte gerade die *Solidarność*[46] in Polen ihren Aufschwung. Einige Mitglieder der Trotzkistischen Partei, die im *Musée de l'Homme* beschäftigt waren und meine

---

46 *Solidarność*: Gewerkschaft, die 1980 aus einer Streikbewegung heraus entstand und an der politischen Wende 1989 entscheidend mitwirkte.

Herkunft kannten, baten mich, eine entsprechende Petition zu unterschreiben. Ich las die betreffenden Papiere sorgfältig durch, denn ich gehörte keiner politischen Partei an und behielt mir das Recht vor, nur zu unterschreiben, was meinen Überzeugungen entsprach. Ganz deutlich erinnere mich an meine warnenden Worte von damals: „In der jetzigen Situation kann man mit dieser Initiative nur einverstanden sein, aber später werden Sie sehen, dass es sich doch um eine katholische polnische Partei handelt, die sich leider weder durch eine offene Geisteshaltung noch durch Toleranz auszeichnet."

Arthur arbeitete immer noch unglaublich viel. Er empfing Prominente aus der Welt der Politik, vor allem aber der Kunst, und all diese Leute verkehrten im *Totem* im *Musée de l'Homme*.

Was mich selbst betraf, hatte ich durch die Organisation von Malereiausstellungen Gelegenheit, zahlreiche Maler kennen zu lernen. So konnte ich diese neue Kompetenz vertiefen und sie schließlich sogar beruflich nutzen. Damit wurde zu meinem Beruf, was so viele Jahre lang nur ein Hobby gewesen war.

Die beeindruckendste Szene, an die ich mich aus dem *Totem* erinnere, ist die alljährliche Feier des 14. Juli, und zwar nicht das unglaubliche Schauspiel unter dem Feuerwerk zum Ergötzen der Abendgäste auf der Terrasse, sondern ganz im Gegenteil Arthurs und meine Mittagessen zu zweit. Man muss sich ein ganz verwaistes, völlig für den Verkehr gesperrtes Paris vorstellen, das uns zu Füßen lag, nur für uns beide! Wie ein König und eine Königin für einen Tag genossen wir zu Mittag die von einem Chefkoch zubereiteten Gerichte, und in was für einer Szenerie!

Eines Tages kam es zu einer ernsten Panne in der Organisation des Sicherheitsdienstes: In der Zeitplanung hatte sich ein Fehler eingeschlichen. Statt dass sie in aller Ruhe an ihren Tischen saßen, fanden sich unsere Abendgäste unten an den Treppen des Trocadéro wieder, mitten in dem beginnenden Feuerwerk. Zum Glück wurden sie nur von einigen Funken gestreift und kamen mit dem Schrecken davon und danach konnten sie dann beruhigt speisen.

Einige Zeit später kündigte das *Musée de l'Homme* unseren Vertrag, ohne Vorwarnung und ohne jede Begründung, und das erschien uns wie ein Verrat. Diese Entscheidung schockierte uns umso mehr, als gerade erst ein Brand die Räumlichkeiten verwüstet hatte. Zum Glück kam unsere Versicherung für die Bezahlung der Angestellten ebenso auf wie für uns selbst, und das hielt den Schaden doch in Grenzen.

Für unsere Angestellten jedoch war es wirklich ein „Schlag ins Kontor". Sie fühlten sich im *Totem* wohl und Arthur hatte es verstanden, aus ihnen ein richtiges Team zu machen. Manchmal verdienten sie sogar mehr als er selbst, denn sie waren am Umsatz beteiligt und arbeiteten sehr hart. Wenn es schlecht lief, bekam ich es als erste zu spüren, denn mein Lohn wurde als erster gekürzt. Diese Unliebsamkeit erlaubte es mir aber immerhin, mich stärker dem Bereich der Kunst zuzuwenden.

Das Leben im Restaurant habe ich nicht vermisst. So sehr ich mich in der Industrie inmitten der Ingenieure und Arbeiter wohl gefühlt hatte, so wenig hatte mir der Umgang mit dem Personal in der Gastronomie behagt.

Als ich ins Rentenalter kam, kehrte ich der Welt der Restaurants mit einem erleichterten Seufzer den Rücken.

Jetzt konnte ich mich noch mehr dem Bereich der Kunst einerseits widmen und mich andererseits stärker als Zeitzeugin engagieren. Letzteres liegt mir am allermeisten am Herzen, abgesehen von der Familie natürlich.

Die Welt der Kunst

Endlich konnte ich „in Vollzeit" in die Welt der Kunst eintauchen. Die Zeiten, als ich nur in gestohlenen Stunden versuchen konnte, eine zum Phantom gewordene Galerie wieder zu finden, waren jetzt vorbei. Ich würde richtige Ausstellungen organisieren und Kontakte mit Künstlerinnen und Künstlern knüpfen. Zunächst aber einige Worte zu meiner ersten Erfahrung in diesem Bereich, denn sie ist in mehr als einer Hinsicht interessant.

Meine gesamte Umgebung kannte meine Kunstbegeisterung. Eine befreundete Antiquitätenhändlerin informierte mich, es böte sich eine originelle Gelegenheit, da der Besitzer der Hall Ponthieu grundlegende Änderungen plante. In diesem großen Gebäude zwischen den Champs Élysées und der Rue Ponthieu waren bis dahin Lebensmittelstände untergebracht gewesen, aber auf Grund der neuen Entscheidung sollte nun jeder frei werdende Platz an andere Geschäfte vergeben werden. So hatte etwa meine Freundin Samy dort einige Antiquitäten und kleinere Möbelstücke in einem neu eingerichteten Stand ausgestellt.

Ich griff sofort zu und suchte mir einen Raum aus, in dem ich Bilder ausstellen wollte. Meine Freundin Chantal Chaudé de Silans würde täglich dort sein und ich selbst würde jeden Abend vorbeikommen und nach dem Rechten sehen. Ich stellte Werke zeitgenössischer Künstler aus, überwiegend von solchen aus Papa Jureks Umfeld. Was für eine Überraschung für die Passanten, als sie plötzlich die Skelette von X und die farbigen Motive von Mucha dort vorfanden, wo früher Kalbsköpfe, Porrée und Äpfel verkauft worden waren. Meine Ladennachbarn waren genau so erstaunt wie die Kundschaft. Die kaufte zwar durchaus

Fleisch, Obst und Gemüse, aber kein einziges meiner Bilder. Wohl oder übel musste ich einsehen: Es lag keineswegs daran, dass meine Freundin Chantal nicht die erforderlichen Kompetenzen gehabt hätte, sondern daran, dass die Kunstwerke die Passanten einfach nicht ansprachen.

Ich beschloss also, die zeitgenössischen Kunstwerke gegen diejenigen alter Meister auszutauschen. Na ja, gar so alt waren sie nicht, es waren einfach diejenigen, deren Werke ich bei meinen zahlreichen Besuchen auf dem Flohmarkt und bei Antiquitätenmessen entdeckt hatte. Zu meinem eigenen Vergnügen hatte ich sogar ein Bild von Domergue[47] erworben, eines Malers, der für seine Porträts hübscher Frauen bekannt ist, aber mein Bild war in Ocker- und Camaieu-Tönen gehalten und zeigte eine badende Bäuerin im clair-obscur. Am Abend des Tages, an dem ich dieses Bild neu ausgestellt hatte, eilte ich in die Hall Ponthieu, denn ich wollte unbedingt erfahren, wie das Publikum reagierte, und vielleicht käme es ja sogar zu meinem ersten Verkauf. Auf meine ungeduldige Frage antwortete Chantal prompt: „Der Schlachter hat jetzt keine Albträume mehr." Zum Glück hat dieses Ergebnis mich nicht den Mut verlieren lassen.

Die nächste Erfahrung – etliche Jahre später – führte mich zu dem Beruf, den ich heute noch ausübe: Ich bin Kunstexpertin.

Auf unseren vielen Reisen und bei den Besuchen bei unseren Söhnen lernten wir fantastische Länder kennen, die Vereinigten Staaten, China und viele andere, aber nur ein einziges Land hat uns wirklich in seinen „Bann" gezogen: Haiti – und mit dieser Empfindung stehe ich längst nicht allein da.

---

47 Jean-Gabriel Domergue (1889-1962), französischer Maler.

André Breton[48], André Malraux[49] und Jean Marie Drot[50] – um nur einige französische Prominente zu nennen – waren diesem Land tief verbunden. Ihr Leben, ihren Glauben und ihre Geschichte drücken die Haitianer in Farbe aus, in Malerei und anderen Kunstschöpfungen. In Jamaika taucht man in Musik ein, in Klang, während Haiti durch die Palette seiner Farben und seine Bilder bezaubert. Ich empfinde dieses Land als faszinierend. Alle Welt kennt das Elend und die Leiden dieses Volkes. In den Bildern haitianischer Malerinnen und Maler taucht dieses Thema jedoch nur selten auf. Es ist, als seien sie durchdrungen von der ewigen Hoffnung, dem Traum und der Schönheit. Vielleicht müssten sie etwas härter und bissiger werden, um die Ungerechtigkeiten zu überwinden, die dieses Land peinigen. Sie sind ein kühnes, mutiges Volk, das einzige, das sich aus der Sklaverei freigekämpft und 1804 die erste Schwarze Republik ausgerufen hat.

Zu dieser historischen Wahrheit ist noch etwas Wichtiges hinzufügen. Unter den Truppen des Generals Rochambeau, die Anfang 1803 in Haiti landeten, war auch ein Regiment polnischer Soldaten. Sie waren in Napoleons Armee eingetreten, um Polen zu befreien. Als sie nun in Haiti der Armee von Toussaint Louverture gegenüber standen, die für dasselbe Ideal kämpfte, nämlich für die Freiheit ihres Landes, weigerten sich die polnischen Soldaten, sie anzugreifen, und die meisten von ihnen desertier-

---

48 André Breton (1896-1966), französischer Dichter und Schriftsteller, bedeutender Theoretiker des Surrealismus.

49 André Malraux (1901-1976), französischer Schriftsteller und gaullistischer Politiker.

50 Jean Marie Drot: französischer Dokumentarfilmer (* 1929), berühmt wurde er insbesondere durch seine Reihe *Les heures chaudes de Montparnasse* (1960) über die vom Urbanismus bedrohten Künstlerateliers im Pariser Stadtviertel Montparnasse.

ten. Noch heute kann man in gewissen Dörfern blonde Kinder mit blauen Augen antreffen. Polen sind in Haiti Ehrenbürger. Leider ist den Haitianern ihre Revolution hinsichtlich der Hautfarben zwar gelungen, nicht aber in sozialer Hinsicht, und das wäre meines Erachtens unabdingbar, damit das Land wirklich funktionieren könnte.

Noch vor kurzem ist die Freiheit des haitianischen Volkes angegriffen worden. Nachdem er sie schon betrogen und ihnen die Hoffnung genommen hatte, hat Aristide, ein abtrünniger Priester, die Menschen auch noch um die große Feier zum 200. Jahrestag ihrer Unabhängigkeit gebracht. Aufgrund meiner vergangenen Leiden und meiner bleibenden Hoffnung identifiziere ich mich ein wenig mit den Menschen von Haiti. Ihnen aber mangelt es heute an allem, sogar am Allernotwendigsten für das tägliche Leben. Haiti ist das einzige französischsprachige Land in der Karibik. Schon seit Jahren versuche ich dieses Land bekannt zu machen, seine Künstler und den kulturellen Reichtum, den sie repräsentieren.

Die Kinder werden erwachsen

Aus der Rue de Provence hatten wir unsere Privatwohnung in die Rue de la Bienfaisance verlegt und die Geschäftsräume in die Rue de Téhéran. Unsere beiden Großen wurden auf dem Lycée Chaptal angemeldet und Stanislas auf dem Lycée Fénelon, einer Privatschule, deren Direktor ein ganz außergewöhnlicher Mann war. Da er Geistlicher und die Schule katholisch war, führte ich ein langes Gespräch mit ihm. Selbstverständlich war Stanislas vom Religionsunterricht befreit, und an dieser Schule ist er kein einziges Mal als Blender bezeichnet worden. Man muss dazu sagen, dass Stanislas nichts, aber auch gar nichts tat, wenn der Gegenstand und das ganze Drumherum ihm nicht passten. Er besuchte auch die *Schola Cantorum*[51], die eigentlich für Künstler vorgesehen war, und obwohl er sich immer dagegen wehrte, zu ihnen gerechnet zu werden, gefiel es ihm in dieser Einrichtung sehr. Auf meine etwas ironischen Versicherungen: „Ich könnte mir gut vorstellen, dass Du einmal einen surrealistischen oder einen realistischen Film machst", entgegnete er unweigerlich: „Wenn ich ein Genie wäre, hätte sich das schon herumgesprochen." Auf dem Weg unterschiedlicher beruflicher Erfahrungen in der Filmregie hat ihn die Filmhochschule schließlich in die sehr andere Welt der Filmplakate geführt. Hier konnte er seine eigenen Entscheidungen und seine eigene Wahl treffen.

Lange Jahre hindurch verbrachten wir unsere Ferien gemeinsam, zuerst in den Bergen in Frankreich, Italien

51 Die 1896 eröffnete *Schola Cantorum* in Paris widmet sich dem religiösen Gesang und der Kirchenmusik und legt den Schwerpunkt auf die Musik der Gregorianik und Werke des Renaissance-Komponisten Palestrina. Aufgenommen werden Schülerinnen und Schüler jeglichen Alters. In Basel und Lyon bestehen Filialeinrichtungen.

oder der Schweiz, und dann an der See, in Le Touquet. Später konnten wir von den Aufenthalten im *Club Méditerranée* profitieren, denn wir genossen Vorzugsbedingungen. Im Club waren wir alle zusammen, trotzdem konnten wir unterschiedliche Dinge tun, und unsere Söhne trafen auf Gleichaltrige.

Am meisten beeindruckt haben uns aber sicher die Ferien in Israel. Dort entdeckten wir den Kibbuz, nicht als Zaungäste, sondern richtig, von drinnen. Wir waren mehrmals dort und jedes Mal verbrachten wir einige Tage im Kibbuz Dan bei meinen entfernten Verwandten. Sie lebten als Familie zusammen, aber tagsüber war alles – Arbeit, Schule und Kinderbetreuung – in Gruppen organisiert. Alle Einkünfte und aller Besitz wurden gemeinschaftlich verwaltet, ganz anders als es unseren bürgerlichen Gewohnheiten entsprach. Nach diesen Aufenthalten bei Menschen, deren einziges Anliegen das Wohlergehen aller war, fühlten wir uns immer wie gereinigt.

Dieser Kibbuz hatte jedoch eine Besonderheit. Jeden Tag nahmen ihn die Syrer ins Visier: Mehr oder weniger pünktlich um vier Uhr nachmittags begannen sie zu schießen. Dies erforderte eine rigorose Wachsamkeit und Verteidigungsbereitschaft. Bei allen Schwierigkeiten, die dies für die Kibbuzmitglieder mit sich brachte, kommt mir doch eine Anekdote in Erinnerung. Der jüngste Sohn meiner Verwandten hatte eine Freundin im Nachbar-Kibbuz. Als er eines Tages gerade zur Wache eingeteilt war, beschloss er spontan, sie zu besuchen. Zu Fuß war es zu weit, und so dachte er, ein Panzer, der gerade frei war, käme als Transportmittel für den Besuch bei seiner Angebeteten gerade recht... Bei der Bestrafung des Schuldigen waren wir nicht dabei, und ich hoffe, sie ist nicht allzu hart ausgefallen.

Auf unseren Reisen nach Israel lernten wir Uri und Paulette kennen. Uri Appenzeller war Architekt. Sie wohnten in einem wunderbaren Haus in Jaffa bei Tel Aviv. Sie hatten dieses Gebäude als Ruine gekauft und es komplett renoviert.

Uri hatte eine furchtbare Vergangenheit. Von Haus aus Österreicher, hatte er in Frankreich gelebt, und die Résistance hatte ihm zugedacht, einen SS-Mann zu spielen. In Uniform und mit seinem perfekten Deutsch leitete er Rettungsaktionen für Widerstandskämpfer. Leider bleibt es nicht ohne Folgewirkungen, wenn man so eine Arbeit längere Zeit hindurch tut. In seinem Fall war es Alkoholabhängigkeit. Paulette unterstützte ihn tapfer. In ihrer Jugend waren auch ihre Pläne durchkreuzt worden, und bis zu ihrem 21. Lebensjahr hatte sie in einem Kloster gelebt. Jetzt hatten sie eine gemeinsame Berufung gefunden. Uri ging allzu früh aus dieser Welt und Paulette haben wir aus den Augen verloren. Diese beiden, die nie eigene Kinder hatten haben wollen, kümmerten sich rührend um unsere. Trotz oder vielleicht gerade wegen dieser Bekanntschaft ist keiner unserer Söhne Alkoholiker geworden.

Jeder meiner drei Buben entwickelte seine eigene Persönlichkeit. Marc blieb seinem Vorhaben treu, Architekt zu werden. Im täglichen Leben hatte er viele Freunde, vor allem weibliche, und diese ganze Gesellschaft brachte er mit nach Hause. Nicolas war diskreter und fleißiger in der Schule, er wollte Tierarzt werden. Zugleich hatte er eine starke mathematische Begabung und er musste feststellen, dass dieses Fach im Tierarzt-Studium kaum eine Rolle spielt. In der letzten Klasse am Gymnasium entschied er sich um und schlug die Richtung der *Grandes Écoles*[52] ein.

---

52 *Grandes Écoles*: französische Hochschulen, die einen höheren Rang genießen als Universitäten.

Stanislas war immer schon Kino-Fan gewesen und bereitete sich mit der Zwischenstation *Scola Cantorum* auf den Eintritt in die *I.D.H.E.C.*[53] vor. Nach dem Abschluss der *École de Cinéma*[54] war er zuerst Set-Fotograf und dann Regieassistent. Lange interessierte er sich viel mehr für Mädchen, Nachtclubs und Sport als für die Schule. Nachdem er zum zweiten Mal vom Gymnasium geflogen war – lange vor seiner Zeit in der *Scola Cantorum* – beendete ein kurzes Intermezzo diese Karriere.

Arthur beschloss, Stanislas in die Plastikfabrik zu stecken, damit ihm klar wurde, was ihn erwartete, wenn er die Schule nicht beendete. Ich erfuhr jeden Tag, wie es ihm ging – natürlich ohne sein Wissen und ich muss wirklich sagen, als Stanislas nach Paris zurück kam, machte er problemlos sein Abitur und schloss ein Studium an. Auch Marc hat studiert; nachdem er die vorletzte Klasse hatte wiederholen müssen, ging er auf Vorschlag des Direktors des Gymnasiums von Fontainebleau, der inzwischen nach London versetzt worden war, ebenfalls dorthin. Wieder einmal gaben Bekanntschaften den Ausschlag!

Für mich als Mutter von Söhnen begann damals die erste schwer wiegende Erfahrung. Wie schon erwähnt, war Marc bei den jungen Mädchen sehr beliebt. Unglücklicherweise wurde nun das junge Mädchen, das Marc nach London gefolgt war, schwanger. Die beiden Beteiligten erwogen verschiedene Lösungen, aber keine Heirat. Unmittelbar vor der Geburt des Kindes suchte uns jemand aus der Familie der jungen Frau auf und machte einen seltsamen Vorschlag: „Sie vergessen das Baby und zahlen uns 20.000 Francs." Unverzüglich erwiderte ich: „Mein Sohn wird das Kind

---

53 *I.D.H.E.C.*: *Institut des hautes études cinématographiques*, Akademie für Film und Fernsehen (Paris).

54 *École de cinéma*: Französische Filmhochschule.

anerkennen, wir werden Unterhalt zahlen, bis er es selbst kann, und wenn Sie das Baby vergessen wollen, geben Sie es mir, ich verlange keinen Pfennig."

Ich war jedoch nicht die Mutter der jungen Frau und hatte daher kein Recht an dem Kind. Immer war es sehr schwierig oder sogar unmöglich, dieses kleine Mädchen zu sehen, in erster Linie für Marc, obwohl er alles Mögliche unternahm, aber auch für mich, obwohl ich mich lange Zeit um eine Annäherung bemühte. Inzwischen ist dieses Kind selbst verheiratet und Mutter und trotz all unserer Vorschläge zur Annäherung hat sie es vorgezogen zu schweigen.

Aber zurück nach London, wo Marc sein Studium fortsetzte. Wir besuchten ihn ziemlich oft und entdeckten diese faszinierende Stadt. Da wir dort nur ab und zu ein Wochenende verbrachten, entschlossen wir uns, in sagenumwobenen Hotels wie dem *Dorchester* und dem *Savoy* zu übernachten. Marc hatte sich einen alten Morgan gekauft, dessen Dach immer zusammengefaltet sein musste und dessen beide Türen ungefähr briefmarkengroß waren. Es war schon ein toller Anblick, mit welcher Distinguiertheit der Portier des *Dorchester* mir half, über die Tür – die ich nicht öffnen konnte – ins Auto zu steigen, indem er mich fest an der Hand hielt!

Diese Anekdote verblasst jedoch neben einem anderen bedeutsameren Ereignis in Marcs Londoner Zeit. Die Heirat mit einer in London lebenden jungen Französin, deren Vater mehrere Ölgesellschaften leitete, wurde beschlossen. Nach der prunkvollen Hochzeit in Fontainebleau fuhr das junge Paar in einem Maserati vor, die Braut sah wunderschön aus, und die beiden glichen ein wenig den Paaren, wie sie Peynet[55] seinerzeit gezeichnet hatte.

Die Verbindung hielt eineinhalb Jahre, das heißt, eigentlich war es keine Verbindung, da mehrere Vorfälle diese Zeit trübten. Der wichtigste waren die Ereignisse im Mai '68. Zusammen mit den Kunststudenten und vielen anderen stand Marc in vorderster Front. Er wurde sogar schwer am Fuß verletzt, während seine Ehefrau Monique mit ihrer Mutter auf den Champs-Élysées promenierte. Die beiden jungen Leute waren in ihrem Temperament und ihren Ansichten allzu verschieden, und so kam es zur Scheidung. Auf die englischen Clubs folgte das Ausgehen im Smoking... Marc ging in die Vereinigten Staaten, nach Kalifornien. Danach arbeitete er einige Monate in Israel im Architekturbüro Karmi.

Da die Kunsthochschule in Paris ihm verschlossen war und er die zukünftigen Architekten vernachlässigt hatte, bewarb Marc sich im Ausland. Das erste Angebot kam aus Kanada, und so nahm er sein Studium und andere Kämpfe in Montreal wieder auf. Er war Mitbegründer der „Klinik für Um- und Ausbau", eines Architektubüros, das Armen seine Dienste unentgeltlich anbot. Nach vielen Hindernissen war er der erste Vorsitzende der Vertretungsprofessoren im universitären Bereich. Er heiratete eine Kanadierin, Irène, eine großartige Frau und sie haben zwei Kinder, Alexandre und Maude. Inzwischen wieder geschieden, hat er jedoch eine ausgezeichnete Beziehung zu seiner Ex-Frau, und auch wir sind nach wie vor sehr gut mit ihr befreundet.

Schon lange lebt Marc jetzt mit Michèle zusammen, einer sehr temperamentvollen Malerin voller Lebensfreude.

---

55 Raymond Peynet (1908-1999), französischer Zeichner und Illustrator.

Meine erste Erfahrung als Großmutter entsprach nicht so ganz meinen Erwartungen. Ich hatte mir vorgestellt, wie eine neue Familie entstand, wie mein Baby selbst ein Baby bekam und wie ich, noch ganz jung, diese neue Geburt genießen könnte. Zu meinem Leidwesen hatte Irène aber völlig andere Erfahrungen gemacht, denn seit ihrer frühesten Kindheit hatte sie sich mit um ihre Familie kümmern müssen. Ihre familiäre Vergangenheit führte dazu, dass sie mich auf Distanz hielt. Tatsächlich versuchte sie mich ein wenig außen vor zu halten, weil sie von der allzu großen Nähe der Ihren erdrückt worden war. Wie mir später klar wurde, empfanden meine Schwiegertöchter mich als etwas aufdringlich, aber meine Freude war so groß, dass ich gern in ihrer Nähe sein und jeden Augenblick mit meinen Kindern genießen wollte, zumal wir normalerweise räumlich weit getrennt waren, da wir in Paris lebten.

Über meine Familienerfahrungen in der Nachkriegszeit habe ich oft lachen müssen. Welche unserer Schwiegertöchter hätte dies wohl akzeptiert: dass Arthur als ihr Schwiegervater ihr Taschengeld zahlte und dass ich als ihre Schwiegermutter ihr sagte, wie sie ihr Haus und das Kinderzimmer einrichten sollte; dass die Schwiegermutter darüber wachte, ob sie nett zu ihrem Sohn war und allen anderen Männern gegenüber nicht zu nett und dass unsere Enkelkinder uns Papa Arthur und Mama Isa nennen sollten! So weit kommt's noch!

Aber genau so hatte unser Leben mit Arthurs Eltern ausgesehen. Der Salto von einer Generation zur nächsten! Seither, denke ich, komme ich ein wenig besser mit dieser Realität zurecht und mische mich nicht mehr zu sehr ins Leben meiner Kinder ein. Ein Sohn lebt auf Martinique, ein anderer in Montreal, und sie empfanden mich als zu nah! Inzwischen finden die „Martiniquaner", ich sei zu weit weg – so ändern sich die Zeiten.

Zugegeben, ich musste eine andere unerwartete Wahrheit erfahren. Immer hatte ich gedacht, unsere seltenen Treffen müssten es uns erlauben, ganz besondere Augenblicke mit einander zu verbringen. Dem war aber ganz und gar nicht so und oft passierte sogar das glatte Gegenteil. Bei diesen so seltenen aber doch regelmäßigen Treffen waren Missverständnisse fast unvermeidlich und wenn dann die Zeit nicht reichte, die Harmonie wieder herzustellen, blieben alle mit Bedauern und Groll zurück.

Räumliche Entfernung begünstigt keineswegs den Erhalt eines ausgedehnten Familienlebens. Ich habe festgestellt, dass junge Paare oft dazu neigen, sich als Kleinstfamilie abzuschotten und die Eltern und Geschwister auf Distanz zu halten, außer es liegen besondere Interessen vor.

Immerhin sind die Verbindungen zu unserer Familie in Kanada, zu unseren beiden Schwiegertöchtern und unseren Enkelkindern und sogar die zu den Freunden unseres Sohnes in Quebec äußerst warmherzig.

Nicolas' Situation in Martinique ist eine ganz andere. Nach seinem Studienabschluss war er mit einem Jahr Abstand Marcs Vorbild gefolgt und hatte geheiratet. Die Familie seiner Frau Michèle stammte mütterlicherseits aus den westlichen Pyrenäen und väterlicherseits aus Algier. Ihr Vater war ein komplizierter und mit Komplexen beladener Mann, der Kinder sehr liebte. Ihre Mutter war eine freundliche aufopfernde Frau. Michèle selbst, eine sehr mutige Frau, zog es vor, mir nicht allzu nah zu stehen, aber das hat sich in letzter Zeit geändert. Dennoch haben wir uns lange Zeit unseres Lebens hindurch eher fern gestanden.

Nicolas ist ein richtiger Unternehmertyp, aber Martinique, wo er sich nach seinem dort abgeleisteten Militärdienst niederließ, ist eine sehr kleine Insel. Sobald sie Erfolg haben, werden die *métros* – also alle, die aus der Metropole, aus der Hauptstadt kommen – nur noch niedergemacht. Aber trotz aller inhärenten Probleme dieser Inseln ist es Nicolas gelungen, sich einen Namen zu machen. Zu Anfang seiner beruflichen Tätigkeit hatte er das Büro eines Patent-Anwalts einbezogen, und im Augenblick baut er in Martinique, Guadeloupe und Frankreich eine neue Generation von Handelsschulen auf. Ich weiß nicht, wie er es geschafft hat, auf seinem Weg derart viele Hindernisse zu überwinden, aber er ist hartnäckig und mutig.

Bei der ersten Reise nach Martinique machten meine ersten Erfahrungen von gegen Weiße gerichtetem Rassismus mir klar, dass ich auf dieser Insel unerwünscht war. Ich sprach es sofort offen aus: „In Polen wollte ich keine Jüdin sein, und in Martinique will ich keine Weiße sein!" Damals wagte mein Sohn Nicolas seinen herausfordernden Karrierestart. Es gelang ihm, sich vor Ort glänzend durchzusetzen, aber um welchen Preis! Sicher hatte er viel zu leiden, nicht nur wegen der inhärenten Schwierigkeiten seiner Arbeit, sondern vor allem wegen der heimtückischen Umweltprobleme.

Nicolas und Michèle haben zwei Söhne, Grégory und Jérémy. Letzteren haben sie als ganz kleines Kind aus Kolumbien adoptiert. Ich hoffe, dass unsere jüngsten Annäherungsversuche von Erfolg gekrönt sind. Dies ist mir umso wichtiger, als ich inzwischen Urgroßmutter bin. Grégory ist mit Kathleen verheiratet, einer reizenden jungen Frau, deren Vorfahren einen sehr unterschiedlichen Hintergrund haben. Sie haben zwei Kinder, Stanislas und Nikita.

Stanislas, mein dritter Sohn, ist nicht dem Beispiel seiner Brüder gefolgt. Nach seinem Studium an der Filmhochschule arbeitete er als Set-Fotograf, Assistent usw. Mit dem Regisseur Agostini begann er Filme zu drehen. Das scheint keine sehr befriedigende Erfahrung gewesen zu sein, denn er entschloss sich, die kommerzielle Filmbranche zu verlassen und sozial engagierte Filme zu machen. Er schloss sich einem französischen Team um Gordian Troeller an, der lange für das deutsche Fernsehen gearbeitet hat[56]. Die Filme, die er zusammen mit diesem Team gemacht hat, mochte ich sehr, vor allem die über Somalia und über Togo sowie eine bemerkenswerte Dokumentation über das Treffen von Khomeini und Bani Sadr im Iran und seinen eigenen Film *Les parapluies du Yemen*.

Bei dieser Gelegenheit begann ich den Koran zu lesen, denn als Stanislas nach Frankreich zurückkam, versuchte er uns bezüglich des dortigen Regimes zu beschwichtigen, das seiner Ansicht nach gar so schlimm nicht war. Seine Argumente überzeugten mich absolut nicht, und so las ich sehr aufmerksam dieses „göttliche Buch“ und unterstrich die Passagen, die mir sehr wichtig und beunruhigend vorkamen. Angewandt auf das Verhältnis zwischen verschiedenen Ethnien sowie auf das Verhältnis zwischen Männern und Frauen würden diese Passagen für Europa sehr schnell eine Gefahr bedeuten.

---

56 Der Dokumentarfilmer Gordian Troeller wurde in Deutschland einem breiten Publikum bekannt vor allem durch seine (zusammen mit Marie-Claude Deffarge und später mit Ingrid Becker-Ross-Troeller) gedrehten TV-Reihen *Im Namen des Fortschritts*, *Frauen der Welt* und *Kinder der Welt*, die in den 1980er und 1990er Jahren von Radio Bremen ausgestrahlt wurden.

Hier einige Passagen aus dem Koran: [57]

Und wenn sie an das gleiche glauben wie ihr, sind sie rechtgeleitet. Wenn sie sich aber abwenden, sind sie eben in der Opposition. Doch Gott wird dir (als Helfer) gegen sie genügen. (Sure 2 Vers 137)

Die Männer stehen über den Frauen, weil Gott sie (von Natur vor diesen) ausgezeichnet hat und wegen der Ausgaben, die sie von ihrem Vermögen (als Morgengabe für die Frauen?) gemacht haben. Und die rechtschaffenen Frauen sind (Gott) demütig ergeben und geben acht auf das, was (den Außenstehenden) verborgen ist, weil Gott (darauf) acht gibt (d.h. weil Gott darum besorgt ist, daß es nicht an die Öffentlichkeit kommt). Und wenn ihr fürchtet, daß (irgendwelche) Frauen sich auflehnen, dann vermahnt sie, meidet sie im Ehebett und schlagt sie! (Sure 4 Vers 34)

Ihr Gläubigen! Nehmt euch nicht die Juden und die Christen zu Freunden! Sie sind untereinander Freunde (aber nicht mit euch). Wenn einer von euch sich ihnen anschließt, gehört er zu ihnen (und nicht mehr zu der Gemeinschaft der Gläubigen). (Sure 5 Vers 51)

Sag zu denjenigen Beduinen, die zurückgelassen worden sind: Ihr werdet (demnächst) zu einem (Kriegs)volk aufgerufen werden, das über eine gewaltige Kampfkraft verfügt. Ihr werdet gegen sie zu kämpfen haben, es sei denn, sie ergeben sich (ohne es erst zum Kampf kommen zu lassen) (oder: es sei denn, sie nehmen den Islam an). Wenn ihr dann gehorchet (und der Aufforderung zum Kampf Folge leistet), gibt Gott euch einen schönen Lohn. Wenn ihr euch aber abwendet, wie ihr das vorher getan habt (…) läßt er euch eine schmerzhafte Strafe zukommen. (Sure 48 Vers 16)

Wenn ich die Befürchtungen ausspreche, die mich bei der Lektüre dieser Empfehlungen überkommen, versucht man immer wieder, mich zu beschwichtigen, schließlich bedürften diese Passagen der „Interpretation". Ich wünschte, jemand könnte mir erklären, wie ungebildete junge

57 Alle Zitate aus: Der Koran. Übersetzt, kommentiert und eingeleitet von Rudi Paret. Verlag Kohlhammer 2004 (digitale Bibliothek, Band 46).

Leute wohl diese scheinbar so einfachen und klaren Texte übersetzen – und wenn man dann noch daran denkt, wie groß die Zahl möglicher Leser in der ganzen Welt ist...

Seit damals hat sich vieles in Stanislas' Leben entscheidend geändert. Er bekam ein Kind, ein kleines Mädchen namens Garance und er ist verheiratet mit Laurence, die früher Model bei Yves Saint Laurent war und blendend aussieht. Danach bekamen sie Mélanie, die ganz anders ist als ihre Schwester, aber ebenso originell und begabt. Die äußerst sensible Garance ist eine große Pianistin. Mélanie ist nüchterner und wendet sich einem eher herkömmlichen Beruf zu.

Laurence stammt aus Martinique, und ihre Hautfarbe wie die ihrer Töchter ist „Milchkaffee", mit mal mehr, mal weniger „Milch". Zu Anfang unserer Verwandtschaft dachte ich, in Laurence hätte ich eine Leidensgefährtin gefunden, aber unser beider Leiden unterschied sich so sehr, dass es eine ganze Weile dauerte, bis wir uns aneinander gewöhnt hatten. Zum Glück fanden wir zu gegenseitigem Verständnis, und vor allem mögen wir uns sehr.

Was nie jemand bemerkt hatte – und wessen ich selbst mir auch nicht bewusst war, war meine Unfähigkeit, für längere Zeit allein zu sein.

Sobald mich das Gefühl der Einsamkeit überkam, empfand ich ein unwiderstehliches Bedürfnis zu schreiben.

Bruchstückhaft habe ich so meine Erinnerungen an die Vergangenheit zu Papier gebracht – aber zugleich vermochte ich dieser Vergangenheit nicht ins Gesicht zu sehen.

Engagement als Zeitzeugin

Ich komme auf meine Reisen nach Polen zurück, denn hier bin ich die ersten Male als Zeitzeugin aufgetreten. Einige Jahre nach Kriegsende hatte ich mich auf eine entsprechende Bitte hin bereit erklärt, eine Gruppe auf ihrer Reise nach Warschau zu begleiten.

Ich kam bei Arthurs Onkel Miętek unter, dem berühmten Entkommenen aus Treblinka. Vor dem Krieg war er Kommunist und deshalb in Haft gewesen; nach seiner heldenhaften Flucht aus Treblinka hatte er im Wald versteckt überlebt und seine Frau und ein paar katholische polnische Familien hatten ihn gerettet. Sein einziger Wunsch bestand darin, die Verbrechen der Nazis zu rächen, aber die polnische Armee lehnte ihn als Kombattanten ab, und so trug er mit seiner Feder und mit seinen Zeitzeugenberichten im öffentlichen wie im privaten Raum dazu bei, die Wahrheit über Treblinka publik zu machen[58]. Nach der Befreiung war er Minister geworden, aber dann hatte er all seine öffentlichen Ämter verloren, denn er war Jude und Juden wollte man nicht, nicht einmal in diesem Polen, das sich kommunistisch nannte.

Dies erinnert mich an die gegenwärtigen Überlegungen gewisser Leute: „Der Kommunismus war wie der Faschismus, es gab keine Freiheit und die Menschen wurden umgebracht oder deportiert.“ Dem muss jedoch einiges hingefügt werden:

Es hat nie ein wirklich kommunistisches Land gegeben. Stalin war ein blutgieriger Diktator wie viele andere.

---

58 Siehe S. 156.

Aber unter den echten Kommunisten habe ich ganz bemerkenswerte, ehrbare, zutiefst engagierte, mutige und uneigennützige Menschen kennen gelernt.

Wer wollte ernstlich die kommunistische und mit der faschistischen Ideologie gleichsetzen?

Zu diesem Thema ist viel diskutiert und geschrieben worden, aber es scheint, dass die Definitionen nicht durchdacht und eindeutig genug waren, wenn noch heute jemand einen derartigen Vergleich anstellen kann.

Bei einem ersten Besuch in Polen hatte ich beschlossen, nach Łódź zu fahren, um unser Haus wieder zu sehen, und insgeheim hoffte ich auch, ich könne die Schlafzimmermöbel meiner Eltern wieder finden und zurückkaufen. Leider war nichts von ihnen mehr vorhanden.

Im Zug, der uns – Arthurs Verwandte und mich – nach Łódź brachte, teilten wir das Abteil mit drei Herren. Erst hatten sie uns angestarrt, dann begannen sie sich Anekdoten zu erzählen. Zunächst ging es um verschiedene Themen, aber sehr bald schon um die Juden, die oft Gegenstand von Spott waren. Als die Äußerungen immer bösartiger wurden, suchte ich nach einer Lösung, wie ich rasch eingreifen könnte. Ich dachte, wenn ich ostentativ eine französische Zeitung aufschlüge, würde das wohl eine Reaktion hervorrufen, und ich hatte mich nicht getäuscht.

Schnell kam die Frage: „Und wie ist es so in Frankreich mit den Juden?“ und meine prompte Antwort: „Frankreich wird wieder aufgebaut und niemand hat Zeit, solche Fragen zu stellen.“ Ich redete dann weiter und erkundigte mich, was sie so machten, wie die Pläne für Polen aussahen und welche sie selbst hatten. Schließlich gelang es mir, dem Gespräch eine andere Richtung zu geben und ihnen zu zeigen, dass es für sie andere und viel wichtigere Themen gab, was die Zukunft betraf.

Bei einer weiteren Reise nach Polen sah ich antisemitische Graffiti und musste feststellen, dass viele polnische Katholiken auf Juden geradezu allergisch reagierten. Sage mir keiner, dass die polnische Kirche nicht die Hauptverantwortliche für diese „Krankheit“ ist. Es ist ein großer Schaden für meine Vorfahren, für mich selbst und wahrscheinlich sogar für die polnischen Katholiken selbst.

In Frankreich lernte ich Herrn Marek kennen, eine sehr interessante Persönlichkeit, ehemals Theaterdirektor in Polen. In Paris hatte er eine Galerie eröffnet. Die Frage: „Sind Sie Jude?“ pflegte dieser erstaunliche Mann immer mit den Worten: „Noch nicht“ zu beantworten. In seiner Galerie begegnete ich mehreren Künstlern, von denen einige aus Polen waren. Eines Tages kam ein sehr distinguierter Herr, der mich auf polnische Art mit Handkuss begrüßte. Er war den Frauen gegenüber sehr aufmerksam und begann ein Gespräch mit mir. Er servierte mir eine „lustige“ Geschichte über die Juden nach der anderen, in etwa so: „Juden können keine normalen Schuhe tragen“, und dann beschrieb er mir bis ins kleinste Detail, wie die Füße von Juden aussähen. Ich brach in Gelächter aus: „Von jüdischen Nasen, Ohren und Lippen habe ich schon gehört, aber noch nicht von jüdischen Füßen.“ Ich wechselte das Thema, indem ich das Landgut meiner Großeltern väterlicherseits in der Nähe von Kielce erwähnte, das im Ersten Weltkrieg enteignet worden war. Sieh da, dieser distinguierte Herr zeigte wachsendes Interesse und schließlich rief er: „Wir haben ja auch einen Wohnsitz in dieser Gegend, meine Mutter lebt dort, sie kann Ihnen sicher Informationen beschaffen.“ – „Prima, sehr nett von Ihnen, aber ich hatte vergessen, Ihnen zu sagen, dass mein Vater

Jude war", entgegnete ich. Schlagartig wechselte der Mann die Gesichtsfarbe, stotterte einen Gruß und verdrückte sich schleunigst. Herrn Marek gegenüber sprach ich mein Bedauern aus, aber es schien nicht im Geringsten erzürnt und antwortete ruhig: „Der wird schon wiederkommen."

Die Zeitschrift *Le Patriote Résistant*[59], die wir abonniert haben, brachte eines Tages eine Meldung, die für mich sehr wichtig werden sollte: Es war geplant, auf dem *Père Lachaise*[60] ein Mahnmal zur Erinnerung an die Deportierten zu errichten, die in Bergen-Belsen umgekommen waren.

Damit begann mein Weg „zurück".

Eine derartige Initiative konnte ich nicht mit Ignoranz übergehen. Also wandte ich mich meiner Vergangenheit zu.

Aktiv beteiligte ich mich an den Arbeiten zur Planung und Errichtung dieses Mahnmals. Ich schlug eine Ausschreibung vor, aber das Projekt war schon zu weit fortgeschritten, und schließlich wurde das Mahnmal vom Enkel des General d'Astorg ausgeführt – der Vater des Generals ist in Bergen-Belsen ermordet worden.

---

59 *Le Patriote Résistant*: Monatlich erscheinende Zeitschrift eines Verbandes ehemaliger Angehöriger der Résistance bzw. ehemaliger Deportierter (F.N.D.I.R.P. – Fédération nationale des Déportés et Internés Résistants et Patriotes).

60 *Père Lachaise*: einer der großen Pariser Friedhöfe, wo zahlreiche berühmte Persönlichkeiten bestattet sind. Auf dem nordöstlichen Teil des Friedhofes erinnern Mahnmale an die Opfer der nationalsozialistischen Konzentrationslager. Die Planungen für das Bergen-Belsen-Mahnmal begannen 1991.

Damals wurde ich auch Mitglied der *Amicale de Bergen-Belsen* als dem Verband von Überlebenden des Konzentrationslagers Bergen-Belsen, sowie einiger anderer Organisationen, die sich für die Bewahrung der Erinnerung einsetzen, und so konnte ich schließlich das Versprechen einlösen, das ich meinen Freundinnen in Bergen-Belsen gegeben hatte. Sie hatten mich gebeten, „die ganze Welt" zu informieren und sagten: „Wenn die Welt erfährt, was geschehen ist, wird sich so etwas niemals wiederholen." Dass sie im Glauben daran gestorben sind, ist mein einziger Trost. Nur würden wir, die Überlebenden, es auch so gern glauben.

Nichtsdestotrotz: Indem wir darauf achten, dass die historische Wahrheit übermittelt wird, und indem wir bis ins Letzte bezeugen, was der Nationalsozialismus und sein gigantisches System der Menschenvernichtung war, können wir – vielleicht – verhindern, dass sich eine Katastrophe solchen Ausmaßes wiederholt...

Im Übrigen müssen wir gegen die Zerstörung und die Ausgrenzung von Menschen kämpfen, wo auch immer. Wesentlich ist, dass die Menschenrechte überall respektiert werden, vor allem die Rechte der Kinder.

Auch nach so vielen Jahren noch führt jeder Vortrag als Zeitzeugin mich wieder zurück in diese unvergessliche und unauslöschliche Vergangenheit. Ich kann noch so sehr so tun, als erzählte ich die Geschichte einer anderen Frau, ich kann noch so sehr versuchen, mich außen vor zu halten – immer wieder sehe ich diese Vergangenheit.

Das Schwerste war, wenn ich von den letzten Augenblicken meiner Mutter berichtete, von ihren letzten Lebenstagen in Bergen-Belsen. Ich konnte einfach den Gedanken nicht ertragen, dass sie nach einer derartigen Zeit nicht das Recht auf einen Sonnenstrahl der Hoffnung gehabt haben sollte, dass sie diesen entsetzlichen Leidensweg gegangen sein sollte, ohne sein Ende gesehen zu haben.

Eines Tages, am Schluss einer Tagung mit Psychiatern und Psychologen, erwähnte ich diesen furchtbaren Schmerz, der immer noch in mir brannte. Auf einmal hörte ich irgendwo im Raum eine leise Stimme: „Aber sie hatte doch ihre Tochter!“ Mit einem Mal ließ eine immense Erleichterung mich tief aufatmen. Nie hätte ich gedacht, dass meine Anwesenheit für meine Mutter einen Trost hätte bedeuten können. Diese Sicht der Dinge veränderte mein Leben, und ich bin dieser Psychologin unendlich dankbar, dass sie es mich hat entdecken lassen.

Trotz der schrecklichen Lebensbedingungen im Ghetto von Łódź hatte mein Vater doch noch die Pflege durch meine Mutter und unserer beider Anwesenheit genießen und in einem Bett sterben können. Der Schock, den ich damals erlebte, lässt sich in nichts mit dem vergleichen, den ich beim Tod meiner Mutter in Bergen-Belsen erlitt und der auch mein eigenes Leben beinahe beendet hätte.

Als unsere Söhne aus dem Haus gegangen waren, hatte ich eine große Leere verspürt. Schon seit einiger Zeit jedoch war mir klar gewesen, dass in ihren Augen die Welt draußen, Mädchen und Freunde viel wichtiger waren als wir. Damit musste ich mich abfinden. Oft waren die Dinge, die anderswo abliefen, einfach deshalb schon besser und interessanter. Ich fragte mich, ob ich nicht in dem Bemühen, ihren Horizont zu erweitern und die Tür nach draußen ganz weit aufzustoßen, die guten Seiten unseres Innern vor ihnen verborgen habe.

Ich glaube, wir träumen alle von einer harmonisch geeinten Familie, aber in den Überlebenden brennt dieser Wunsch andauernd.

Als ich einmal zu meinem jüngsten Sohn sagte, ich fühlte mich schuldig, weil ich es nicht verstanden hatte, diese Atmosphäre zu schaffen, erwiderte er beinahe aufgebracht: „Du kannst nicht alles bestimmen, das hängt doch nicht von Dir ab!"

Im Übrigen halte ich meine Söhne natürlich für meinen größten Erfolg: Sie sind integer und mutig, sie achten die anderen und haben einen weltoffenen Geist. Dank der Liebe meines Mannes und unserer gegenseitigen Liebe vermochten wir unser Leben aufzubauen und eine große Familie zu gründen.

Der Vorsitzende einer Organisation, der ich angehöre, schlug mich zu meiner großen Verwunderung für die Verleihung des Nationalen Verdienstordens vor. Ich nahm an. Die blaue Farbe dieses Ordens gefällt mir besser als die rote der Ehrenlegion.

Die Zeremonie verlief, meinen Wünschen entsprechend, feierlich, aber zugleich in einer warmherzigen und freundschaftlichen Atmosphäre. Eine große Gestalt der Résistance, Marie-Jo Chombart de Lauwe[61], überreichte mir

---

61 Marie-José Chombart de Lauwe (* 1923), wuchs in der Bretagne auf und engagierte sich bereits als Siebzehnjährige in der Résistance, zusammen mit ihren Eltern und Freunden. 1942 wurde die Gruppe denunziert und Marie-Jo zunächst zum Tode verurteilt, 1943 jedoch nach Ravensbrück deportiert und im März 1945 nach Mauthausen, wo sie am 21. April befreit wurde. Nach ihrer Promotion in Psychologie (1954) widmete sie sich hauptsächlich benachteiligten bzw. unangepassten Kindern. 1998 erschien ihr autobiographischer Bericht *Toute une vie de résistance*. Bis heute ist sie stark als Zeitzeugin engagiert, nicht zuletzt als Vorsitzende der

den Orden. Sie selbst und Colette Tcherkawsky[62] hielten ganz wundervolle Ansprachen.

Zum x-ten Mal bereute ich bitter, dass ich nie in der Lage gewesen war, aktiv am Widerstand gegen den Nationalsozialismus teilzunehmen. Im Alter von elf bis 16 Jahren lebte ich eingesperrt unter den Bedingungen, die ich im ersten Teil des Buches beschrieben habe. Mein ganzer Widerstand hatte sich darauf beschränkt, dass ich am Leben blieb.

Meine Vorträge als Zeitzeugin wurden häufiger, aber keiner gleicht dem anderen. Es hängt jedes Mal davon ab, wie empfindlich ich am jeweiligen Tag bin, aber auch vom ganzen Ambiente und vom Alter meiner Zuhörerschaft. Immer ende ich mit einer optimistischen Note. Ich erinnere die Jugendlichen daran, welches Glück sie haben, im Frieden zu leben, geliebt zu werden, lernen und arbeiten und ihre Zukunft vorbereiten zu können. Ich fordere sie

---

Stiftung *Fondation pour la Mémoire de la Déportation* (seit 1997), sowie gegen ein Wiedererstarken von neonazistischen Kräften, Holocaustleugnern usw.

62 Colette Tcherkawsky (1932-2003) überlebte zusammen mit ihrer Mutter und ihrem Bruder die Lager Beaune-la-Rolande und Drancy in Frankreich und das Konzentrationslager Bergen-Belsen. Nach einem Mathematik-Studium unterrichtete sie am Gymnasium bzw. in Vorbereitungsklassen für die Hochschule. Für ihre Tochter verfasste sie Ende der 1980er Jahre ihren autobiographischen Bericht *Les Protégés du Maréchal* (*Die Schützlinge des Marschalls* [Pétain], unveröffentlichtes Manuskript), der Titel spielt an auf das Schicksal einer Gruppe von französischen jüdischen Frauen und Kindern, die – da die Väter als Kriegsgefangene dem Schutz der Genfer Konvention unterstanden – nicht nach Auschwitz, sondern als Austauschgeiseln 1944 nach Bergen-Belsen deportiert worden waren. Seit Anfang der 1990er Jahre war Colette im Verband der Bergen-Belsen-Überlebenden engagiert, seit Gründung der *Amicale* als Generalsekretärin. Im Rahmen des Interviewprojekts der Gedenkstätte Bergen-Belsen gab sie ein mehrstündiges lebensgeschichtliches Videointerview.

auf, jedes Stück Brot zu schätzen, die alltäglichen Freuden und die Liebe der Menschen, die sich um sie kümmern.

Die Konzentration und das schmerzliche Eintauchen in meine tragische Vergangenheit, die jeder Vortrag als Zeitzeugin erfordert, werden jedoch durch die Aufmerksamkeit, die interessierten und Anteil nehmenden Reaktionen des Publikums insgesamt mehr als ausgeglichen.

In einer Schule, die von Kindern unterschiedlicher Hautfarbe besucht wird, erlebte ich eine der anrührendsten Reaktionen – gemessen an der Beschreibung, die man mir im Vorhinein gegeben hatte. Ich habe übrigens umgehend geantwortet, dass ich Farben sehr mag, da ich mich oft im künstlerischen Milieu bewege. Die Kinder dieser Schule kamen meinem Wunsch nach und schickten mir Briefe und Bilder, in denen sie ausdrückten, was sie nach meinem Bericht empfunden hatten. Nichts hätte mir größere Freude machen können. Hätte ich überhaupt einer Unterstützung bedurft, mit meinen Zeitzeugenberichten fortzufahren, dann wäre dies eine der ermutigendsten gewesen.

Ich hatte auch die Gelegenheit, mich in recht ungewöhnlicher Weise als Zeitzeugin einzubringen: im Sprengel Museum in Hannover.

Eine renommierte französisch-israelische Künstlerin, Esther Shalev-Gerz, hatte eine Installation mit Videoaufnahmen geschaffen, an der zwei Frauen beteiligt waren: Charlotte Fuchs, eine Deutsche, die während des Krieges mit Mann und Kindern in Hannover gelebt hatte, und ich als eine andere, die im Konzentrationslager Bergen-Belsen in der Nähe der Stadt gewesen war.

Die Besucher der Ausstellung standen zwischen riesigen Bildschirmen, die jeweils eine ganze Wand einnahmen. Auf der einen Seite berichtete ich und auf der anderen sah man Charlotte Fuchs, wie sie mir aufmerksam zuhörte. Im zweiten Saal berichtete sie und ich hörte ihr zu. Der Besucher war also ganz von unseren Berichten umgeben. In einem dritten Saal schlossen einige Fotos von den Überresten des Lagers – darunter auch eine zeitgenössische Aufnahme aus den Tagen unmittelbar nach der Befreiung – die Ausstellung ab.

Als ich seinerzeit dem Bericht der Frau aus Hannover zugehört hatte, hatte mich mein eigener Rückblick mit unerträglichen, unerklärten und unerklärbaren Erinnerungen überflutet. Von Silvester 1944 berichtete sie: „Am 1. Januar 1944 […] wir waren evakuiert. Aber ich hatte Ferunde, die hatten ein so genanntes Jagdhaus. Die haben uns das angeboten, als meine Wohnung kaputt war, wir sollen in das Landhaus rauskommen. […] Die Silvesternacht, das war so ein typisches Kriegssilvester. Da es aber großbürgerliche Leute waren, die dieses Jagdhaus hatten, hatten wir eine ganz gemütliche Silvesternacht. […] Es war zwar ein schönes Haus, ein Jagdhaus, aber wir hatten natürlich nur einen Kohleherd und alles war so rustikal, und da musste der Herd geheizt werden und heißes Wasser gemacht werden.“[63] Da hatte ich mit einem Schlag den entsetzlichen Vergleich vor Augen. Ende 1944 waren meine Mutter und ich in unserer Baracke im Lager bei Celle, in der Nähe von Hannover, und wir schliefen auf Bettgestellen mit Strohsäcken. Wir mussten Unterstände bauen und Gleise verlegen und bekamen „Geschirrspülwasser“ und ein paar Stücken Brot pro Tag als Nahrung. Damals

63 Zitat aus dem Begleitband zur Ausstellung von Esther Shalev-Gerz: „Est-ce que ton image me regarde? Geht Dein Bild mich an?“, Sprengel Museum Hannover, 2002, S. 28.

bin ich 16 geworden. Diese Bilder liefen wieder vor meinem inneren Auge ab, als ich dem Bericht von Charlotte Fuchs zuhörte. Nachdem diese meinen Bericht gehört hatte, war sie dank ihrer Empfindsamkeit als Künstlerin und ihrer Intelligenz imstande, mir mit Wärme und Fürsorglichkeit zu begegnen. Sie betonte, dass sie nie Parteimitglied war und dass ihr Mann nur wenige Tage vor Kriegsende gefallen war.

Das Museum in Hannover hat diese Ausstellung erworben. So bin ich zum Star in einem „Film" geworden, an dem ich lieber nicht beteiligt gewesen wäre...

Immer deutlicher wird mir bewusst, welch immense Arbeit Historiker, Professoren und Lehrkräfte geleistet haben. Die Wirkung unserer Zeitzeugenberichte bei den Jugendlichen hängt sehr vor der jeweiligen Vorbereitung durch die Lehrkräfte ab. Morgen, wenn wir nicht mehr leben, fällt ihnen die grundlegende Rolle bei der Weitergabe der Erinnerung zu, der Erinnerung daran, was die größte Tragödie des 20. Jahrhunderts gewesen ist, die Vernichtung von fast zwanzig Millionen Männern, Frauen und Kindern, industriell organisiert und ausgeführt von den Nationalsozialisten.

Ich hoffe, dass ich noch oft die Gelegenheit habe, mit jungen Menschen, mit Historikern und Lehrkräften zu sprechen. Dies ist einer der wichtigsten Beweggründe in meinem zweiten Leben.

Arthurs 80. Geburtstag, 2003
mit den Enkelinnen Maude, Mélanie und Garance

Isabelles Sohn Nicolas mit seinem Enkel
Stanislas, 2003

Nachwort der Autorin

Warum ich diesen Zeitzeugenbericht verfasst habe? Das habe ich schon im Vorwort erklärt, ich habe auch schon gesagt, dass ich damit ein Versprechen den Kameradinnen gegenüber eingelöst habe, die nicht überlebt haben – das Versprechen, in jeder nur möglichen Weise Zeugnis abzulegen, jederzeit, immer wieder.

Ich muss jedoch zugeben, dass das nicht der einzige Grund war, und in meinem Bericht klingt noch ein weiterer an. Irgendetwas drängte mich zum Schreiben, sobald ich mich allein fühlte. Ich schrieb meine Erinnerungen auf und beschrieb die Bilder, die mich verfolgten.

Als ich meinen Bericht abgeschlossen hatte, fühlte ich mich wie befreit, einer Bürde ledig, die mich seit so vielen Jahren niedergedrückt hatte.

Mein erstes Leben hatte im Lager Bergen-Belsen geendet, wie das Leben von Anne Frank, aber mit dem riesigen Unterschied, dass sie tot ist, während ich nach dem Krieg ein zweites Leben gefunden habe. Simone Veil ist eine bekannte Persönlichkeit, und auch sie hat Bergen-Belsen überlebt[64]. Wir haben beide unsere Mütter im Lager verloren, später haben wir geheiratet und jede von uns hat drei Söhne bekommen. Aber damit hört die Ähnlichkeit auch schon auf. Nach dem Krieg ist Simone Veil nach Hause

64 Simone Veil (* 1927), französische Politikerin, 1979-1982 Präsidentin des europäischen Parlaments, Ehrenvorsitzende der *Fondation pour la Mémoire de la Shoah* und der *Amicale de Bergen-Belsen*. Im Rahmen des Interview-Projekts der Gedenkstätte Bergen-Belsen gab sie ein lebensgeschichtliches Interview. Ihre Autobiographie erschien 2007 unter dem Titel *Une Vie*. Im November 2008 wurde sie in die *Académie Française* aufgenommen.

2005, vlnr. Isabelle, Maudes Lebensgefährte Sébastien, Alexandres Frau Sandy, Arthur, Maude, Marc und seine Lebensgefährtin Michèle, Enkel Alexandre

vlnr. Marcs Sohn Alexandre, Arthur, Stanislas und Marc, 2005

zurückgekehrt. Trotz all ihrer Verluste, für die es keinen Trost geben kann, hatte sie doch ein Land, in das sie zurückkehren konnte, ein Haus, eine Familie. Ich dagegen blieb im Unbekannten, im Nichts.

Später habe ich dann sehr viel Glück gehabt, denn ich war physisch und psychisch nicht so traumatisiert, als dass ich nicht hätte wieder aufleben können. Im Krieg war ich einerseits „zu jung“ und andererseits „alt genug“ gewesen, und das hatte mich gerettet. Ich war zu jung gewesen um die Katastrophe, die ich erlebte, in ihrem ganzen Ausmaß zu erfassen, zu jung auch, als dass ich schon für Dritte verantwortlich gewesen wäre, und so trafen irgendwelche Konsequenzen meines Handelns ausschließlich mich selbst. Andererseits war ich schon alt genug, dass ich über einige solide Grundlagen verfügte, diese bestanden in der Erziehung und Bildung, die meine Eltern mir hatten zuteil werden lassen, und in der Liebe, mit der sie mich umgeben hatten. Dieser unzerstörbare Reichtum machte es mir möglich, wieder aufzuleben.

Viele Überlebende waren nach dem Krieg gebrochen, Entbehrungen, Misshandlungen und Leiden hatten sie aufgerieben. Sie waren nicht fähig, wieder ein normales Leben aufzunehmen. Die Wunden dieser Opfer sind nie verheilt und sie sind nie damit fertig geworden.

Das Glück dauerte in meinem „zweiten Leben“ an. Obwohl ich für immer gezeichnet war, konnte ich doch eine Familie gründen, einen Beruf – sogar mehrere – erlernen und weiterhin leben und lieben.

Ich war französische Schach-Meisterin, ich habe bei der Konversion des französischen Kohlebergbaus mitgearbei-

Enkel Grégory (links) und Arthur (rechts) mit Urenkelin Nikita und Urenkel Stanislas, 2006

2007, Sébastien und Maude mit ihren Söhnen Benjamin (links) und Jonathan (rechts)

tet, ich habe mich mit Kunst befasst, aber vor allem arbeite ich als Zeitzeugin mit jungen Menschen.

Ich habe einen Ehemann, Kinder, Enkel und – das neueste Wunder – Urenkel. Erst spät ist mir klar geworden, wie meine Kinder von den Dingen, die ich erlebt habe, beeinflusst worden sind.

Ich hatte geglaubt, sie schützen zu können, indem ich so gut wie nie von meiner Vergangenheit gesprochen und nur selten den Krieg erwähnt hatte.

Mein ältester Sohn hat mich als erster aufgerüttelt. Als ich zu ihm sagte: „Ich habe mit euch nicht viel über den Krieg gesprochen", antwortete er prompt: „Dein Schweigen hat mehr gesagt als Deine Worte."

Erst vor kurzem wurde mir klar, welche Auswirkungen meine Vergangenheit auch auf meine Enkelkinder hat. Mit ihnen habe ich mich am meisten über dieses Thema ausgetauscht. Von ganzem Herzen hoffe ich, dass diese Bürde nicht allzu schwer auf ihren Schultern lasten möge. Ihre Reaktionen waren jeweils sehr unterschiedlich. Ich vermute, sie hängen unmittelbar mit den Informationen zusammen, die die Kinder von den Eltern und in der Schule bekommen haben.

„Die jüdische Mutter" – das bin ich – „mischt sich zu sehr in die Erziehung ihrer Enkelkinder ein", sagte erst kürzlich einer meiner Söhne.

Dabei möchte ich ihnen so gern eine Erbschaft mitgeben, die in meinen Augen die allerwichtigste ist, nämlich meine Fähigkeit, auch noch die größten Schwierigkeiten

Marcs 60. Geburtstag, 2007
vrnl. Tochter Maude und ihr Lebensgefährte Sébastien,
Sohn Alexandre und Schwiegertochter Sandy

Arthur (links) und Isabelle (rechts) mit ihren
Enkelinnen Mélanie und Garance, 2007

nicht in Schwäche, sondern in Stärke umzuwandeln, in jeder Situation einen Funken Hoffnung zu entdecken und aus ihm ein Freudenfeuer zu entfachen, zu versuchen, in absolut allen Umständen Würde zu bewahren und Verantwortung zu übernehmen, so schwer sie auch sein mag. Ich hoffe, dass diese Erbschaft die Generationen überdauert und dass auch noch meine Urenkel, derer ich mich jetzt erfreue, sie antreten werden.

Bildnachweis

Monika Gödecke / Stiftung niedersächsische Gedenkstätten (Seite 7 und 79)

Studio Harcourt, Paris, mit freundlicher Genehmigung (Seite 129)

L'Aurore, Paris (Seite 156)

Alle übrigen privat